艺术│体育
高校学术研究论著丛刊

旅游商品设计与开发的文化创意视角研究

闫 川 著

中国书籍出版社
China Book Press

图书在版编目 (CIP) 数据

旅游商品设计与开发的文化创意视角研究 / 闫川著.
-- 北京：中国书籍出版社，2021.8
ISBN 978-7-5068-8679-6

Ⅰ.①旅… Ⅱ.①闫… Ⅲ.①旅游商品-设计②旅游商品-开发 Ⅳ.①F590.63

中国版本图书馆 CIP 数据核字（2021）第 182367 号

旅游商品设计与开发的文化创意视角研究

闫 川 著

丛书策划	谭 鹏 武 斌
责任编辑	邹 浩
责任印制	孙马飞 马 芝
封面设计	东方美迪
出版发行	中国书籍出版社
地 址	北京市丰台区三路居路 97 号（邮编：100073）
电 话	（010）52257143（总编室） （010）52257140（发行部）
电子邮箱	eo@chinabp.com.cn
经 销	全国新华书店
印 厂	三河市德贤弘印务有限公司
开 本	710 毫米 × 1000 毫米 1/16
字 数	241 千字
印 张	12.75
版 次	2023 年 3 月第 1 版
印 次	2023 年 3 月第 1 次印刷
书 号	ISBN 978-7-5068-8679-6
定 价	76.00 元

版权所有　翻印必究

目 录

第一章　旅游商品概述 … 1
第一节　旅游商品基本知识分析 … 1
第二节　文化旅游商品概念 … 9
第三节　旅游商品消费者与消费行为 … 24

第二章　旅游商品设计概述 … 32
第一节　旅游商品设计的基本知识 … 32
第二节　旅游商品设计的内容 … 40
第三节　旅游商品设计的导向 … 50

第三章　旅游商品开发概述 … 54
第一节　旅游商品开发基本知识介绍 … 54
第二节　旅游商品开发的属性与流程 … 63
第三节　旅游商品的创新 … 78
第四节　旅游景观及设施商品的创新开发 … 80

第四章　文化创意理论阐释 … 83
第一节　文化创意理论的"达意与传神" … 83
第二节　文化创意理论的"隐与秀" … 86
第三节　文化创意理论的"境" … 90

第五章　旅游商品设计的文化创意理论 … 93
第一节　创新型旅游商品设计理论综述 … 93
第二节　创意时尚型旅游商品设计理论综述 … 95
第三节　传统手工艺类旅游商品发展综述 … 103
第四节　旅游商品系列化途径理论综述 … 105
第五节　创意旅游商品设计开发完整步骤解析 … 106

第六章　旅游商品外观设计的文化创意视角研究……………………114

第一节　旅游商品设计中的文脉梳理…………………………114

第二节　旅游商品外观设计创意方法论………………………117

第三节　旅游商品形态设计创新方法…………………………121

第七章　旅游商品营销设计的文化创意视角研究……………………126

第一节　旅游商品购物环境设计………………………………126

第二节　基于"故事性"体验的旅游商品销售设计…………132

第八章　国内外旅游商品设计与开发的文化创意视角研究…………146

第一节　国内旅游商品的设计与开发…………………………146

第二节　国外旅游商品的设计与开发…………………………169

参考文献…………………………………………………………………194

第一章 旅游商品概述

旅游商品是旅游经济发展的重要组成部分,其发展水平是衡量旅游业发展的重要标准之一。然而目前用于统计的关于旅游商品销售的指标多是旅游购物收入。国际旅游组织专家指出,旅游购物收入占旅游总收入的百分比,是对一个地区旅游业成熟度评价的重要标准。本章首先对旅游商品进行概述,涉及旅游商品基本知识、旅游商品文化、旅游商品消费者与消费行为,从而为下述章节的展开做好铺垫。

第一节 旅游商品基本知识分析

一、旅游商品的概念

随着旅游业不断发展,关于旅游商品的研究越来越被政府部门、理论界重视。旅游商品属于商品的一部分,其不仅具有一般商品的共有属性,还具有一般商品没有的特性。因此,我们有必要对旅游商品的概念、特征、构成等有清晰的把握。

(一)商品及其本质

商品是人类社会生产力发展到一定历史阶段的产物,是用于交换的劳动产品。恩格斯曾明确指出,商品首先是私人产品。但是只有这些私人产品不是为自己的消费,而是为社会的消费而生产时,它们才成为商品。商品具有使用价值和价值两种基本属性。商品生产者有目的的具体劳动,形成商品的使用价值,而抽象劳动则形成商品的价值。

1. 商品的概念

现代的商品概念可以用商品球模型(图1-1)来形象地表示,它包括四个层次的内容。

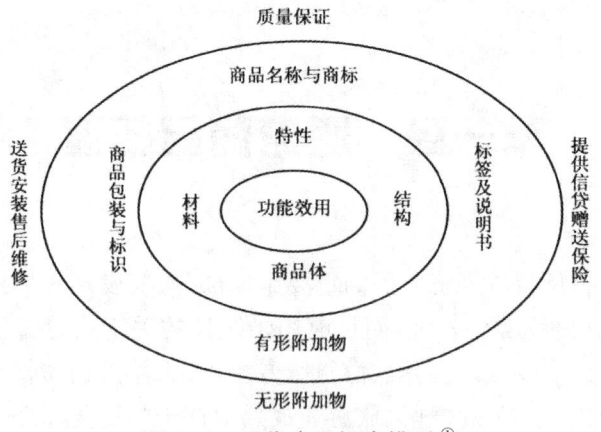

图 1-1 现代商品概念模型①

（同心椭圆，从内到外：功能效用；特性、材料、结构、商品体；商品名称与商标、商品包装与标识、标签及说明书、有形附加物；质量保证、送货安装售后维修、提供信贷赠送保险、无形附加物）

2. 商品的功能和效用

消费者购买商品，其最终目的并不是获得商品本身，而是获取其功效。商品的功效指的是商品为了获得消费者青睐，而提供的一种必须的、可靠的价值与效用，如洗衣机的效用在于清洗衣物，空调的效用在于调节室温等。商品正是通过为消费者提供功效来让消费者动心。

（二）商品的特征

商品区别于物品和产品具有如下特征。

1. 商品是具有使用价值的劳动产品

商品的使用价值是商品能够满足人们需要的物品的有用性，不同的商品具有不同的使用价值，不同的使用价值是由物品本身的自然属性决定的；同一种商品具有多种自然属性，因而具有多方面的有用性。商品的使用价值是维持人类的生存和繁衍、维持社会的生存和发展所必需的，例如阳光可以提供光明和温暖，空气可以供人呼吸，雨水可以浇灌农田等，但它们都不能称为商品。此外，失去了使用价值的劳动产品也不能算作商品，例如失效的药品、变质的食品等。

---

① 辛建荣，路科，魏丽英. 旅游商品概论[M]. 哈尔滨：哈尔滨工程大学出版社，2012.

2. 商品是供消费的劳动产品

商品是供给他人消费的,供给社会消费的,而不是供给生产者、经营者自己消费的。马克思说:如果谁用自己的产品来满足自身的需要,这只能说明他的产品仅仅具有使用价值,而不能称之为商品。如果要想让自己的产品成为商品,他不仅对自己有使用价值,还应该对他人也具有使用价值。

3. 商品是为交换而生产的劳动产品

对于生产者、经营者而言,商品并不具有直接的使用价值,而是用于交换价值的物质承担者。这就是说,通过市场交换,这些商品才能让生产者、经营者以及消费者都获得价值。不得不说,一种产品究竟能不能称之为商品,并不能在依据经济理论认定之后进入市场,与他人进行交换,而往往是先进入市场与他人进行交换,而后被人们认定为其属于商品。例如,以往只承认物质形态的劳动产品才能成为商品,而现代社会中各种纷杂的如知识形态产品、劳务形态产品、资金形态产品等一旦进入市场进行交换,所形成的各种科技成果、各类服务、股票及债券等也都成为商品。

(三) 旅游商品特征

保继刚等(2017)总结国内其他学者们所提出的旅游商品或旅游纪念品的特征,将其特征归为两类,一类是功能特征,即实用性、便携性、经济性、礼品性,这些特征主要展现了旅游商品在现实生活中的使用价值;另一类是符号特征,即纪念性、艺术性、地方性、民族性、文化性、时尚性、独特性,这些特征则主要展现了旅游商品的象征意义。[①] 笔者认为,旅游商品至少应该具备以下几个基本特点:

1. 地方性

旅游商品很大程度上是一个旅游目的地的象征,能使旅游者看到某旅游商品便想到自己在旅游目的地的某段经历,作为记忆的唤起物。

---

① 卢凯翔,保继刚.旅游商品的概念辨析与研究框架[J].旅游学刊,2017(05):116-126.

2. 民族性

旅游者去到某个地方旅游无非最基本的是感受当地的"山、水、人"这些元素,而这个"人"的元素很多时候意味着当地与众不同的民族的自己的特征,与之相匹配的旅游商品,不但具有不可替代性和市场竞争力,而且是旅游者离开旅游目的地的回忆此地的记忆承载体。

3. 经济性

旅游商品在设计上必须承载本地元素之外,在其制作原料的选取和生产方式上也要力求当地化。这种本土气息的旅游商品可以使旅游者在购买当地享受到实惠的价格,商品价格占优势了,旅游者更乐意在旅游目的地购买。

4. 便携性

旅游者出行的目的主要是感受与自己惯常环境的的不同,旅途中的经历和心境是他们的重点。旅游者在旅途中除自己的用品是必带之物,在选择旅游商品的时候更愿意选择体积小、重量轻、便于携带的旅游商品,不至于给轻松的旅行增加体力负担。所以如果旅游商品体积和重量合适又便于携带,自然会更受旅游者的欢迎。

综上,如果一件旅游商品有自己的地方性和民族特色,自然就有了自己独有的文化性。如果旅游商品兼具地方性、民族特色、经济性和便携性其中的大部分特征,自然就具有了礼品性、纪念性、独特性,便可成为馈赠亲朋好友的佳品。

(四)旅游商品的形态结构体系

旅游商品与一般商品一样,具有三种形态结构,即旅游核心商品、旅游有形商品、旅游无形商品。

1. 旅游核心商品

所谓旅游核心商品,指的是购买者为了实现某一目的而购买某一商品,如旅游者购买的游览黄山,通过观赏黄山的风景,以实现自己对山体美的感受和追求;旅游者购买的海滨度假,是为了通过海滩漫步、游水嬉戏、放松自我、消除自身疲劳的目的;旅游者购买的参观历史博物馆,是为了通过观赏和倾听讲解,领略展品中蕴藏的历史奥秘。

旅游商品的这种有用性和功效是旅游商品最主要的核心组成部分，它可能存在于有形商品之中，也可能存在于无形商品之中，主要通过旅游者在消费过程中的亲身体验来获得。

2. 旅游有形商品

所谓旅游有形商品，即那些具有物质形态的商品，通过市场交换来获得。当然，根据交换过程中旅游商品的所有权是否发生转移可以划分为两类：一类是暂时性地出卖体验权、观赏权以及使用权的某些设施产品，如旅游景点门票、交通旅游设施、旅游住宿设施等；另外一类是商品所有权出卖给对方，如旅游纪念品、旅游食品等。

旅游有形商品是旅游商品的主体组成部分，是整个旅游活动过程的物质构成，也是旅游无形商品借以销售的物质媒介。

3. 旅游无形商品

所谓旅游无形商品，指的是通过市场交换，那些不具备物质外壳实体形态的旅游商品，如旅游接待服务、民风民俗的体验等。

需要指明的一点是，旅游核心商品往往也体现为旅游无形商品，但是旅游核心商品的本质在于感受与体验，是对旅游商品消费行为的凝练。相对来说，旅游无形商品则是旅游商品消费行为中的一部分，居于旅游核心商品消费的基础。

二、旅游产品

（一）旅游产品的概念

南开大学的李天元教授认为，从旅游供给的角度来看，旅游产品有两个层次：总体旅游产品，指旅游目的地为满足来访旅游者的需要而提供的各种旅游活动接待条件和相关服务的总和；单项旅游产品，指旅游企业所经营的设施和服务，或者说是旅游企业借助一定的设施向旅游者提供的项目服务。[①]

1997年由国家技术监督局颁布的《旅游服务基础术语》，其中对旅游产品的定义是这样的：由实物和服务综合构成的向旅游者销售的旅游项目。其特征是服务成为产品构成的主体，主要有线路、活动和食宿。

---

① 李天元.关于旅游科研的几点刍议[J].旅游学刊，2010，25（10）：5-6.

旅游者可以购买整体产品(如综合包价旅游),也可以购买某一单项旅游产品(如航班座位、饭店客房)。

分析当前学者的观点,大部分学者对旅游产品的理解基本上是一致的。它是作为一个整体概念来使用的,包括旅游供给中的接待条件、设施设备和服务。

(二)旅游产品的基本构成

(1)要素构成。旅游产品的构成要素主要包括旅游吸引物、旅游设施、可进入性和旅游服务。

(2)利益构成。旅游产品的利益具有复合性,其价值不仅拥有审美和愉悦的成分,而且还体现在旅游中间商的努力带来的追加利益和其自身的展现利益上。

旅游商品与旅游产品之间的区别,见表1-1。

表1-1 旅游商品与旅游产品区别一览表[①]

旅游产品	旅游商品
无形性与有形性兼备:包括服务与实物,其价值来源于旅游产品生产者的物化劳动	有形性:以物质形态存在的实物,其价值由原材料、成本、生产工具消耗和生产者的物化劳动构成
生产与销售同步:整个生产的过程就是消费的过程	产销分离:生产与销售可以在不同时空进行
不稳定性:生产受多重因素的制约,特别是气候、季节、节假日、政治等因素的制约	稳定性:旅游商品的生产几乎不受时间、季节等因素的制约
整体性:六要素齐全,包括食、住、行、游、购、娱	单一性:具有完整的使用、观赏或收藏价值的个体物品
不可移动性:旅游者只能到目的地消费暂时的使用权	移动性:从生产到销售,经历物流与商流的过程
欣赏权,没有拥有权	所有权发生转移
独享性:购买者独自享受旅游产品的使用价值	分享性:购买者可以与他人分享旅游商品的价值和使用价值

旅游商品与旅游产品是部分和整体的关系。旅游产品是一个整体概念,旅游商品只是旅游产品整体中的一个组成部分,包含在旅游产品

---

① 孙国学,赵丽丽.旅游产品策划与设计[M].北京:中国铁道出版社,2016.

之中。从经营的角度来看,某地区旅游商品经营水平的提高是提升当地旅游产品竞争力的有效方式;从发展的趋势来看,旅游产品和旅游商品互相影响,共存共荣。

三、旅游商品的使用价值

(一)商品的使用价值

商品的使用价值,可以从广义和狭义两个层面来理解。一般来说,人们所谓的商品使用价值是从狭义层面来说的,指的是商品对于社会或者说使用者来说的功效。其反映出商品属性与社会需要(使用者需要)之间的关系。但是,商品又与一般物品不同,其往往需要通过交换来满足社会(使用者)的需要,因此就交换的角度来说,广义的商品使用价值具有二重性。

其一,商品对其生产者、经营者而言,没有直接的消费使用价值,但有间接的使用价值,即可以用来交换并获取利益,此时商品成为交换价值的物质承担者。马克思把这种使用价值称为形式使用价值。

其二,马克思把商品对其消费者和用户所具有的直接的消费使用价值称为实际使用价值。它是由具体劳动赋予商品以各种有用性而产生的,是商品的实际效用在消费过程中所表现出来的满足消费者需要的作用而形成的。

(二)旅游商品的使用价值及结构系统

1. 旅游商品的使用价值

旅游商品从属于商品,因此就广义层面来说,其也具有二重性。

首先,对于生产者与经营者来说,旅游商品并没有直接的功效,而是通过市场交换获得利益,间接获得价值。这就是马克思所说的形式使用价值。另外,由于旅游商品结构的特殊性,旅游商品中的设施商品、景观商品的生产与改善,可以让生产者、经营者获得某些实际使用价值,如景区的良好环境、旅游饭店的典雅设施等,这些都使得旅游商品生产者、经营者获得特殊的生产、经营环境,获得审美功效,是一种潜在的使用价值。

其次,对于旅游者来说,旅游商品能够让旅游者通过消费过程获得审美感受、实现自我需求、让自我更放松,这就是旅游商品的直接消费使用价值,即马克思所说的实际使用价值。

需要注意的是,旅游商品与一般商品的实际使用价值有所不同。消费者在享有一般商品的使用价值时通常是通过享有商品的所有权来实现的;而旅游商品中部分构成者如景观商品等其实际使用价值的形成是在消费过程中,通过出让商品的观赏权、体验权、使用权等来满足旅游者的消费需要而形成的。旅游者在享有该类旅游商品的实际使用价值时获得的是商品的观赏或使用体验、经历和回忆,而并不享有商品所有权,即不能依个人意志改变、改动或再次出让商品。

2. 旅游商品使用价值的结构系统

旅游商品使用价值这一系统的结构非常复杂,涉及多个层面、多个层次。具体来说,可以归结为如下两种。

(1) 旅游商品使用价值的静态系统

这是将旅游商品使用价值视作一个静态系统展开分析和研究,从而发现其多个层次、多个种类的使用价值。就满足旅游者需求的角度而言,其涉及两类:物质使用价值与精神使用价值,例如旅游者在饭店中享受食物时的基本生理需求满足及由食物的精美和用餐环境的优雅而得到的心理需求满足等;从主体的社会层次来看,包括旅游商品的个人使用价值和社会使用价值,如景观商品对某旅游者而言的满足其观赏需要的个人使用价值,而其对城市环境改善或社会环保教育而言的作用与功效则属于社会使用价值层面;另外,如从客体的层面来看,包括旅游商品的个体使用价值和群体使用价值;从主客体发生作用的地位来看,包括旅游商品的主要使用价值和次要使用价值;从主客体发生作用的性质来看,包括旅游商品的正使用价值和负使用价值;从实现的客观实际来看,包括旅游商品的现实使用价值和潜在使用价值等。

对旅游商品使用价值的静态结构进行全面、系统的认识,有助于了解旅游商品在交换中展现出的综合价值,更有助于商品进行交换。

(2) 旅游商品使用价值的动态系统

要想实现旅游商品的使用价值,需要经历两大过程,一是交换过程,二是实际消费过程。也就是说,首先要实现形式使用价值,之后还要实现实际使用价值。这就是所谓的动态系统。这一系统涉及三大要素:一是旅游消费需求,二是旅游商品,三是旅游商品的使用价值。这三大要素之间关系非常密切,形成一个循环往复的动态系统。具体来说,通过进行市场调研,获知消费者的实际需求,然后进行设计与开发,形成旅游商品,这时候潜在的旅游商品使用价值得以形成,然后通过销售、消费,使旅游商品的形式使用价值与实际使用价值形成,再然后过渡到新的旅游消费需求,以此循环往复,见图1-2所示。

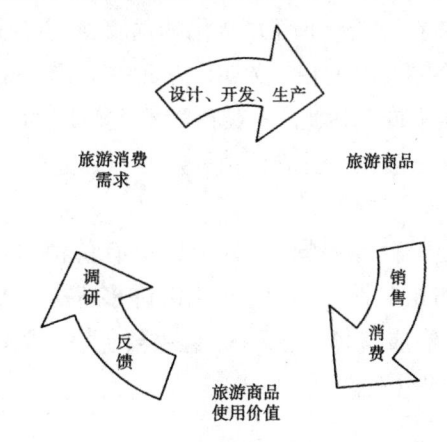

图 1-2　旅游商品使用价值的动态系统[①]

第二节　文化旅游商品概念

一、文化旅游商品的概念

文化(culture)是指为了摆脱自然状态,使生活变得丰富、便利、美丽,由社会成员学习、共享、传达的行为方式或生活方式的课程,以及在此过程中取得的物质、精神产物等,包括衣食住行、语言、风俗、道德、宗教、学问、艺术以及各种制度等,是一个人类集团的生活方式或社会成员之间所具有的习俗。在日常生活、社会、科学研究中经常使用的文化,用专业学术用语做出正确的定义并非易事。在一般生活中,虽然与其他单词组合在一起被用作多种复合词,但一般文化的定义被解释为"一

---

① 辛建荣,路科,魏丽英.旅游商品概论[M].哈尔滨:哈尔滨工程大学出版社,2012.

个社会或民族集团的生活方式",这是作为不同民族集团固有的生活方式而存在差异的特定社会的生活方式。另一种解释是,文化被理解为与文明(civilization)相同的意思,因此,人们会认为文化意味着智慧,知识或开化和发展。

另外,在中国,文的意思是指最适合人类生活的典范,文化是指利用文改变人类的生活方式,文化是指以文治教、正确教育人的文治教化。从这个角度来看,东方和西方文化的语义观点不同,而西方文化人"culture"和东方的"文化"在"文明"方面多少有些相似,但是其本身的意义和概念完全不同。因此,一般在学术上使用的文化在语源上并不是西方的"culture",但在"创造价值"方面,可以说与西方的文化概念一脉相承。

文化在各社会中存在差异,对社会成员有价值,但对其他人具有特殊的文化共有性和相对性。另外,文化由许多部分组成,这些部分相互形成紧密的联系,构成整体,进而构成多样的人类文化,通过与该文化的接触,具有变化的可变性(图1-3)。

图1-3 文化的特征[①]

世界各国为了迎接全球化时代,以本国文化为基础,将文化认同感与产业连接起来,为创造经济利益的文化产业活性化做了很多努力。这种文化的商品化既是高成长性产业,又是可以创造高附加值的产业,文化、经济波及效果大的产业,因此逐渐成为国家经济和地区经济的重要核心产业。文化商品是"文化"和"商品"的合成词,是指以地区或其民族从过去传承下来的共同精神为基础,宗教、语言、风俗等社会成

---

① 黄理漓.浅谈语言与文化的关系[J].才智,2017(17):222.

员活动的产物,即文化通过经济和社会价值结构,转变为当地特殊的有形、无形的商品,即财物价值,成为高附加值商品。另外,作为文化商品,作为高附加值商品,具有不亚于其作用的地区或民族的地位和形象。这种文化商品随着时代的变化、旅游的兴起,从供给者的角度将文化视为向旅游者销售的商品,将相关地区的场所和旅游资源作为开发对象,这种"文化=商品"的概念逐渐形成,文化旅游商品的重要性也越来越大。

文化旅游商品的语源来源于拉丁语"subenir",意为"动心"或"想出来",这是旅游的有形证物,也是让人想起回忆而购买的商品。"意味着满足消费者物质需求的实际最优先价值",意味着包含特定地区形象和文化要素的商品。这些文化旅游商品,其间没有工艺品、民艺品、特产、旅游特产、旅游购物商品、农家工商品等正确统一术语的概念定位,研究者往往没有明确的标准,使用起来非常模糊和多样。从更广义上讲,文化旅游商品包括所有基于多种文化材料追求经济和商品价值的产品,但一般的文化旅游产品被用来代表和推广特定地区。以现代文化、历史和传统为基础,创造出各种有形和无形产品的回忆和纪念,它象征着特定旅游目的地的文化和历史元素。通过引导人们记住并证明过去的旅行经历,通过引导游客重新访问旅游目的地的文化旅游商品,可以向周围的人(包括朋友和家人)提出建议,或者进行体验。

从这种观点来看,文化与旅游相结合的服务商品和产品,即与旅游相关的所有有形无形的都是文化旅游商品,这是包含文化特征的商品,旅游不仅起到了将文化之美及其价值原封不动地传递到生活中的重要作用,而且反映当地特征的商品也反映了文化因素,是具有价值的商品,通过满足游客需求来促进消费的重要作用。但对这种文化旅游商品的定义和概念及范围模糊不清,因此,从政府机关、业界和学术界的不同实际情况来看,文化观光商品的定义和概念如下。

表1-2 文化旅游商品的定义及概念

机关及团体	定义	概念
韩国文化艺术振兴院	工艺品	基于传统及创作艺术性的韩国传统美发现和美术发展可以积极贡献的作品
韩国设计包装中心	旅游特产品	包括游客访问地或访问国家地域特性的普通工艺品、工业品、土特产、农副业产品、民艺品等商品,与当地的特有产业紧密相连,是可以留下旅游回忆的商品

续表

工商部	工业工艺品	工匠和熟练工人制作的艺术品
	传统工艺品	以传统上流传下来的原材料、技术为基础,通过应用或复制旧的产品而生产的产品,以及使用诸如交通、自然环境和特定区域的文物等特征作为材料生产的产品

文化观光商品根据文化结构和基础具有经济功能价值,访问观光地的游客可以通过购买包含访问地区、城市或国家文化的文化观光商品,直接或间接体验和满足,因此与现有的工艺品有着不同的性质。

过去的文化旅游商品是旅游地销售的单纯的民艺品、工艺品或土特产概念,但随着时代的潮流变化和消费者的喜好变化,游客们开始要求具有该地区特色的更加多样的商品群,并开始追求现有的文化旅游商品。现在的文化旅游商品逐渐从过去的文化旅游商品概念中摆脱出来,不仅涵盖了符合游客需求的当地特有的设计的工艺,民俗商品和工业商品,还包括抽象的、无形的商品,其范围越来越广,文化旅游商品也越来越多。

表1-3 文化旅游商品的变化

过去	现在
民艺品+手工艺品+特产品	有形商品:民艺品+手工艺品+特产品+工业品
流通形态销售渠道的多样化 消费者的需求变化	无形商品:旅游服务

文化旅游商品不仅包括旅游特产、工艺品、民艺品、土特产,还包括一般工业商品,其广泛的概念使得很难下定论,但最普遍被游客认知的文化旅游商品是旅游纪念品。这种旅游纪念品是游客为了纪念游览参观,回忆旅游经验而购买或取得的具有纪念意义的商品,在普通游客访问过的地方,可以说是按照主观标准购买的商品。因此,本研究将"文化旅游商品"定义为象征旅游地的文化与传统,能够勾起在旅游地回忆的"作为旅游纪念品,游客可以获得的商品"。

二、文化旅游商品的特点和作用

文化旅游商品是集文化和技术为一体的创意和技术密集型文化附加值较高的商品，具有多重性、多样性、非遗史性及高附加值等特点，包括有形及无形商品。由于这种文化旅游商品具有提供和传播特定地区、城市及一个国家文化的目的以外，还具有情绪和价值等综合因素，因此与普通商品不同，消费这种文化旅游商品的社会成员的认同感和生活方式具有很大的影响。这种文化旅游商品通过分散在该地区的特殊旅游资源，为游客提供观赏和享受的距离，提高游客的满意度，起到宣传游客旅游经历地区的信使作用，对游客来说，购买旅游商品具有最便利和最美好的回忆。另外，这种文化旅游商品是当地文化、历史、环境、风土等地域性压缩的象征物，与该地区的形象紧密相连，最终作为销售地区形象的高附加值产业。

Mcintosh 和 Goledner 表示："文化旅游是游客学习旅游胜地居民生活、思想的方式或该国遗产和历史的旅游总体，是游客学习其他文化商品化的过程。"过去，历史悠久、名气远超其他地区的代表性特产代替了文化旅游商品的作用，不仅提高了地区居民的收入，还提高了地区文化性，起到了提高地区居民爱乡心的作用。过去文化旅游商品是文化旅游中发生的商品范畴，但现在的文化旅游商品脱离了单纯的地区特产文化旅游商品化概念，根据游客的需求，不仅包括具有地区认同性的商品，还包括服务等有形、无形商品，其范围正在进一步扩大，因此要反映社会、文化、历史价值等各种价值要素。

文化旅游商品是文化附加值高的创意及技术集约型商品，可以说是文化、技术及创造的产物，综合蕴含着一个地区的情绪或价值等，与一般商品不同，对消费该商品的社会成员的生活方式和认同性产生很大的影响，一般商品和文化旅游商品之间的差异如下（表1-4）。

表1-4 一般商品和文化旅游商品的比较

一般商品	文化旅游商品
精神价值＜物质性价值	精神性价值＞物质性价值
物质性资源	文化性资源
产业化	信息化
审美性＜实用性	审美性＞实用性
普遍性	差别性
大量生产	小量生产
同时性	现场性

文化旅游商品具有不同于一般商品的特性，它反映了生产这些商品的地区价值观、思维方式和生活方式等多种文化因素，是商品化的，因而是某一地区形成整体性的重要基础。这种文化旅游商品不是一般的流行商品，使用某种商品的使用者越多，其商品的价值就会增加，存在网络外部性。因此，比起一般商品，在精神性价值上要占更大的比重，在文化层面上要注重实用性。文化旅游商品可以认为，随着一种商品的生产及利用，新的需求持续创造，产生额外利益的窗口效果（window effect）比其他产业高，一旦生产出来，再生产时的边际费用就会低。因此，在文化旅游商品中，文化价值成为商品提高生命力和附加值的重要因素，具有增进经济财富和认识文化价值等综合效果。文化旅游商品具有这样的特性，其价值观念或生活方式等地区文化被商品化，可以持续创造需求，通过这种形象对其他地区产业产生影响，从而提高地区竞争力，因此对访问旅游地的消费者来说旅游是重要的。

如上所述，文化旅游商品具有诸多特点和作用，整理如下。

第一，文化旅游商品作为社会和文化媒介发挥作用。文化旅游商品是传达地区形象的非常重要的媒介，在游客访问的地区或国家购买文化旅游商品，是对地区或国家的信赖或善意的表示，该文化旅游商品具有该地区的固有性和独特性。

第二，文化旅游商品在区域经济的重要作用。文化旅游商品不同于一般商品，游客只有亲自到相关地区参观，才能对区域经济做出贡献。

第三，文化旅游商品促使当地的政治理解和地域深入人心。可以说，对地区的信任感和地域形象的形成是通过旅游进行人员交流而形成的，文化旅游商品不仅对本地区的社会、文化，而且对增进对政治的了解，提升区域形象具有重要作用。

第四,文化旅游商品发挥旅游宣传作用。文化旅游商品是给游客带来除单纯的游览景区外的又一欢乐和满足的旅游资源,可以送给那些未能到景区旅游的其他人,从而起到宣传景区的作用,成为最有效的旅游宣传工具。

第五,文化旅游商品具有文化传统性保护的作用。与普通商品不同,文化旅游商品是当地以文化传统为基础生产的纪念品,具有保存和延续其他地区难得一见的传统性的作用。

第六,文化旅游商品具有教育特色和效果。文化旅游商品具有教育效果,即从保存文化传统的观点出发,向下一代宣传逐渐消失的固有性的重要性,并宣传保存的重要性。

像这样,文化旅游商品在旅游经验中属于有形的象征物,蕴含着当地旅游地特有的文化要素,可以代表这些要素,是任何人都可以轻易购买的商品。作为这种纪念品,文化旅游商品反映了该地区的固有性和象征性,不是在任何地方都能轻易买到的复制品,而是在特定地区才能买到的商品,蕴含着旅游地的文化,历史之外的地区要素等,具有很高的水平。因此,文化旅游商品应能纪念游客访问的旅游地并重温回忆,并应符合向亲近的家人、亲戚及熟人赠送礼物的用途,因此应是代表该地区的物品。从这个角度来说,文化旅游商品不仅涵盖了景点,可以作为标志,或在其他景点中难得一见的差别化,而且也要求有审美、实用功能,是具有合理价格的文化旅游商品。这种文化旅游商品已经超越了单纯的纪念商品的功能,可以起到眺望一个地区或城市及一个国家社会文化的作用。

三、文化旅游商品的分类和类型

(一)文化旅游商品的分类

过去,在文化旅游商品的分类中,工艺品、民间工艺品、特产、旅游特产、旅游购物商品、农家工业品等研究者的分类略有不同和不明确,但现在随着现代人旅游的日常化,游客的旅游倾向和消费方式的变化,从过去单纯的分类中根据游客的喜好和嗜好变化逐渐被分类。

最普通的文化旅游商品的分类是,作为游客在旅游景点购买的所有旅游纪念品;象征并代表访问特定地区或城市及国家或可以起到宣传作用的旅游纪念品或旅游商品。

表1-5 文化旅游商品的分类

名称		定义
文化商品	一般性意义	作为文化的经济领域,作为产业生产和消费的对象,呈现的所有领域 用最广义的概念定义方法实现"文化事业"的整体成果 UNESCO的十大文化商品 照片、杂志、报纸、电视、电影、唱片、广播、艺术品复制、视听产品和服务、广告(增加其他工艺、演出等)
	经济性意义（广义）	出版、图书、报纸、杂志、唱片、电影、动画、电视节目等 文化产业局负责政策领域
	政策性意义(协议)	电影、动画、唱片、杂志、图书、出版、电视节目、报纸等 借用韩国素材、制作技术、表现手法等的美术品复制、工艺领域、角色商品、生活文化商品等
旅游商品（旅游纪念品）		日常用品、工艺品、照片等所有游客旅行纪念,在访问地购买或取得的所有商品
特产品(土特产)		某地或某国生产的独特特有商品 包含各种工艺品及服装、食品等商品
工艺品	现代工艺品	工艺品中运用现代表现手法或材料、设计等的产品 包括比较现代地应用传统元素的作品
	民俗、传统工艺品	利用韩国传统材料、工艺技术等生产的产品(民俗工艺品) 民艺作品中的名匠、非物质文化遗产等传统工艺技术应用较好的作品

美国学者Gordon以涵盖现代性和传统性的综合性观点,将文化旅游商品列为纪念品观点,包括视觉形象纪念品、自然纪念品、象征纪念品、表象纪念品和土产纪念品。视觉形象纪念品是景点中常见的纪念品,利用景点的视觉形象的纪念品属于此类,自然纪念品在原来的自然环境中并没有什么特别的意义,但作为景点的纪念品,却具有特别的意义。象征纪念品主要指的是具有某种象征的纪念品。另外,表象纪念品本身与特定的场所或事件没有关系,但包含特定的时间,地点或空间相关记录的商品,此外,土产纪念品也含有特定地区固有的传统。这种Gordon的文化旅游商品的分类(表1-6)具有涵盖传统产物的涵盖性,作为综合性的文化旅游商品,在探索旅游纪念品的概念和范围方面非常有用。

第一章　旅游商品概述

表 1-6　Gordon 的文化旅游纪念品分类

区分	特征	种类
视觉形象纪念品（pictorial images）	最通常的纪念品形态	明信片、海报、卡片等
象征纪念品（symbolic shorthand souvenirs）	作为制造品，特定地区象征性的纪念物或景观相关内容	多宝塔、释迦塔、埃菲尔铁塔、狮身人面像等小模型及自然景观主题道具
自然纪念品（piece of the rock souvenirs）	自然获取品	叶、石、贝壳等自然物的一部分
特产纪念品（local product souvenirs）	蕴含地方传统的纪念品	民俗酒、民俗饮食、传统服装等
包装纪念品（marker）	包含特定时间和空间记录的一般制成品	旅游地标志或地名刻着的 T 恤、包、圆珠笔、帽子等

作为另一个文化观光商品，纪念品分类可以分为文化形象纪念品、传统形象纪念品和城市形象纪念品三种。传统形象纪念品如安东河回假面或威尼斯（Venice）假面或英国的威士忌，是使该地区、城市或国家的传统形象商品化的文化观光商品。文化形象纪念品是指，像英国利物浦的甲壳虫乐队，西班牙的巴罗索洛纳的加乌迪，查尔斯堡的莫扎特一样，将该地区和特定人的形象商品化的文化观光商品纪念品。

表 1-7　文化旅游商品下的纪念品分类

区分	内容	例子
文化性形象纪念品	所谓具有文化形象的纪念品，是指像高迪、莫扎特等历史艺术家、埃尔顿·约翰·披头士等著名流行歌手等特定的人本身商品化，并含有与他的作品或活动、生活等相关意义的纪念品	莫扎特纪念馆、高迪观光地、甲壳虫乐队、埃尔顿·约翰公演等纪念品
传统性形象纪念品	所谓具有传统形象的纪念品，是指历史象征物或长期以来人们日常生活中使用的物品，如今被用作旅游资源，将其作为纪念品，属于这一类型的纪念品则包含着特定地区或国家的历史传统意义。	安东河回假面、威尼斯假面、英国威士忌、济州岛石爷等
城市性形象纪念品	城市形象纪念品是国家或地区的经济发展提高其国家和地区的已设定主题和相关的主体公园、庆典等文化旅游产品，纪念品就是特定地区或国家的象征	纽约 I♥NY 标志 T 恤、青岛啤酒节啤酒杯、鲜艳的大邱包等

这种分类只限制和分类了作为文化观光商品、游客可以亲自观看和触摸纪念品的那种类型，从这点来看，作为把有形无形的东西都综合在一起进行观察的现有文化观光商品，与纪念品的分类存在差异。

（二）文化旅游商品的类型

1. 自然类型

（1）自然资源型

自然资源型是指以特定景区拥有的优美自然物或自然景观等自然环境为基础，进行区域文化商品化，是大部分景区最普遍的纪念品，并被开发成各种用途的纪念品。最具代表性的自然资源型文化旅游商品有瑞士隆夫劳、加拿大尼亚加拉瀑布、日本东京樱花纪念品等。

图1-4 自然资源型文化旅游商品

（2）历史文化资源型

利用特定旅游地的地域固有历史和传统为基础的有形无形资源进行地区文化商品化，大部分以悠久的历史和传统为基础，形成该地区的代表性形象并开发成纪念品，这种历史文化型具有文化、社会价值。代表性的历史文化资源型文化观光商品有安东河回假面、济州岛爷爷、罗马剑斗士角斗士等纪念品。

图1-5 历史·文化资源型文化旅游商品

(3)产业资源型

产业资源型主要是利用特定旅游景点的代表性农水商品及加工食品等当地特产,利用比其他地区质量更好的地区特产提高经济价值,并开发成旅游纪念品,主要以食品类为主。最具代表性的产业资源型文化旅游商品有法国波尔多葡萄酒、韩国宝城绿茶、中国贵州茅台酒等纪念品。

图1-6 产业资源型文化旅游商品

(4)服务资源型

服务资源型是指利用特定旅游地区的服务资源或以创意性想法,将各种文化活动等代表性的"有形·无形资源"进行地区文化商品化,大部分是以悠久的历史和传统为基础,在该地区形成的代表形象,代表性的服务资源型文化旅游商品有威尼斯狂欢节、釜山国际电影节、乐天世界纪念品等。

图1-7 服务资源型文化旅游商品

2. 主题类型

(1)历史人物型

作为文化旅游商品,历史人物型必须是以特定旅游景点相关历史人物为主题,进行地区文化商品化,客观上得到验证的人物,而且可能的话,比起具有地区特色的人物,更具有世界名声的人物型的纪念品,已经超越了单纯的收藏价值层面,具有历史、教育价值,对正在成长的年轻一代来说在多方面都有帮助。最具代表性的历史人物型文化旅游商品有西班牙高迪纪念品、美国林肯纪念品、中国孔子纪念品等。

图1-8 历史人物型文化旅游商品

（2）国家象征型

国家象征型是利用特定的国家象征进行文化商品化，利用相关国家的有形无形资源，通过象征化来形成。特别是国家象征型与其说是正确的形态，不如说是与形象和认识有关，只有在客观地形成该国家的具体象征时才有可能。这种纪念品主要出现在国家形象较发达国家，又或者有时一个城市的形象代替了那个国家的形象。代表性的国家型文化旅游商品有象征瑞士、韩国、澳大利亚等国家的文化观光商品等。

图1-9 国家象征型文化旅游商品

（3）城市品牌型

城市品牌型是利用特定城市所具有的城市品牌进行地区文化商品化，象征并塑造相关城市形象，主要应用于官方的城市品牌标志或城市象征人物形象等。这种城市品牌型文化旅游商品，是人们认识差异化城市形象，展示其城市定位和形象的手段。因此，许多城市都将其开发成文化旅游商品。代表性的城市品牌型文化旅游商品有韩国首尔市的品牌I·SEOUL·U，美国纽约的I♥NY，德国柏林的Buddy Bear等纪念品。

第一章　旅游商品概述

图 1-10　城市品牌型文化旅游商品

（4）地标型

在文化旅游商品中，地标性建筑利用特定旅游区的类型资源进行商品化，主要以代表性建筑、标志性建筑或自然环境等为题材。这种地标性建筑既象征一个城市或一个国家，又以大部分悠久的历史和传统为基础，但有时会在很短的时间内形成该地区的代表性形象，作为纪念品被开发出来。代表性地标性文化旅游商品有澳大利亚悉尼歌剧院、法国巴黎埃菲尔铁塔、英国伦敦近卫兵等文化旅游商品。

图 1-11　地标型文化旅游商品

（5）自然资源型

文化旅游商品在不同主题类型中的自然资源型，不仅以特定景区优美的自然景观为依托，还以动植物及矿产等自然环境为依托，将区域文化商品化，成为许多城市的旅游纪念品。典型的自然资源型文化旅游商品有澳大利亚悉尼袋鼠、阿姆斯特丹郁金香、中国四川大熊猫等。

图 1-12　自然资源型文化旅游商品

3. 商品类型

（1）时尚小件类

文化旅游产品的时尚小件，有许多使用国家形象或城市品牌的产品，并且有多种产品，例如使用具有代表性的本地地标、字母和图案的产品。此外，世界各地已被认可的著名时尚小件也被用作城市的文化旅游产品。此外，已在全球有知名度的著名时尚小件也在该市文化旅游商品中发挥作用。这种服装小商品类商品，超越了单纯的视觉文化旅游商品的功能，具有实用性，是游客青睐的文化旅游商品之一。代表性文化旅游商品的时尚小件有衣服、帽子、手帕、环保购物袋等。

图 1-13　时尚小件类文化旅游商品

（2）装饰品类

文化旅游商品的装饰品类是利用特定旅游地区的有形资源——代表性建筑物或象征物或自然环境等为素材的地标性商品，是最受游客喜爱的文化旅游商品。这种装饰品大多以访问国家、地区或其城市标志性的诸多要素为商品化，对游客产生回忆和纪念，具有特定景点的象征价值，起到引导游客重访景点的作用。最具代表性的装饰品有迷你模型、雪球、装饰碟、工艺制品等。

图 1-14　装饰品类文化旅游商品

（3）花式文具类

文化旅游商品的花式文具类和城市品牌形象及代表性的地标等诸多因素的代表商品，在具有实用性和装饰性功能的同时，也是游客们青睐的文化旅游项目。特别是作为深受儿童和学生欢迎的产品，可以让人回想起访问地的点滴。代表性的花式文具有笔记本、书写工具、图画明信片、玩偶等。

图1-15　花式文具类文化旅游商品

（4）生活小件类

文化旅游商品的生活小件是利用有关国家及城市品牌以外的城市代表性地标等象征要素的商品，不仅具有装饰性功能，而且实用性强，是游客们为了回忆和纪念访问地而使用的纪念性商品。最容易购买和喜爱的生活物品有冰箱等附着的磁条和钥匙扣、杯子等，此外还有厨房用品、家电商品等。

图1-16　生活小件类文化旅游商品

（5）其他类

文化旅游商品除了以上分类外，还可以分为多种功能类型的产品。但是，作为文化旅游商品的条件，必须具有当地文化或历史的象征性，对购买要有价值。不仅如此，还要同时具备该地区或城市的差别性和独特性，为了方便游客购买，适当价格的形成也很重要。这些其他产品包括该市有名的品牌产品或工业品、酒、饮食等,特别是活动、庆典及职业球队的纪念品等多种产品。

图 1-17 其他文化类旅游商品

第三节 旅游商品消费者与消费行为

一、旅游商品消费者

(一)旅游商品消费者的概念

旅游商品消费者是指在旅游过程中为消费需求而购买或使用商品及享受服务的个人或单位。旅游消费者的产生首先要具有支付能力,其次是具有闲暇时间,最后还受到科技发展水平、政府鼓励政策等社会因素,身体状况、家庭状况等个人因素的影响和制约。

旅游商品是一种集地方性、民族性、文化性、纪念性于一体的休闲产品。旅游商品的开发应遵循以下原则。

首先,突出旅游商品纪念性、实用性及礼品性等特点,在加工工艺、选材、设计和品种等方面下功夫,将观赏性、创造性、地域代表性、便于携带性及商品包装的精美性相结合。

其次,旅游商品开发要与市场需求相符,旅游商品生产企业应根据旅客需求,提示调整商品结构,及时进行改进,满足不同旅游消费者需求。

(二)旅游商品消费者分类

冲动型。该类型的旅游消费者进行旅游商品消费时,往往凭借一时冲动,头脑发热,临时做决定,缺乏整体规划和计划,见到自己喜欢或感觉需要的旅游消费品,不会详细观察分析,也不会进行比较,当时就会做出购买决定。但此类旅游消费者之后可能反悔,商家需要注意观察,以免发生纠纷。

理智型。该类型的旅游消费者会对喜欢的旅游商品爱不释手,但又迟迟不会做出决定。其原因在于,该类型的旅游消费者会从各个方面进行斟酌、全面衡量,分析得失利弊。他们会与商家进行较长时间的交流沟通,最终可能会放弃消费,但一旦作出决定,就不会反悔,甚至会成为忠实的客户。所以,商家对此类旅游消费者需要有足够的耐心,不能因为费时费力而怠慢他们。

求知型。此类旅游消费者会详细了解其感兴趣的旅游商品,但可能会受各种因素影响,最终放弃消费。因为此类旅游消费者往往会有较高的文化层次和较大的社会影响力,所以商家应谨慎对待,稍有不慎会给自己带来不良的声誉,得不偿失。

博爱型。此类旅游消费者会对许多商品都有着浓厚的兴趣,其沟通能力也相对较强。商家如果应付得当,不仅会给自己带来眼前的收益,而且会有隐性的好处和影响。

无趣型。该类型的旅游消费者或是因为旅途劳累或是因为根本没有消费欲望,其表现往往是走马观花,看一眼就走,对于旅游商品几乎没有兴趣。对于此类消费者,商家如果可以提供贴心的服务设施、保持良好的服务态度,就有可能开发此类客户的消费欲望。

狂妄型。此类旅游消费者具有一些旅游商品的知识,但又属于一知半解状态,喜欢在别人面前对于旅游商品妄加评论,其中可能会传达无用甚至错误的信息。商家需要仔细甄别其信息,避免因其误导其他消费者,带来不必要的售后纠纷。

精明型。此类消费者对旅游商品基本属于内行,在购买旅游商品时会采取各种手法讨价还价,达到自己理想的价格才会出手购买。商家应对此类客户不仅需要耐心,而且需要在必要时舍弃一些收益,才能顺利实现交易。

二、旅游商品消费行为

(一)旅游商品消费的一般心理机制

随着社会的发展,旅游业已成为全球经济中发展势头最强劲和规模最大的产业之一。旅游业在城市经济发展中的产业地位、经济作用逐步增强,旅游业对城市经济的拉动性、社会就业的带动力以及对文化与环境的促进作用日益显现。作为中国经济发展的支柱性产业之一,旅游业想要在市场竞争激烈的情况下谋求发展,必须要重视对旅游消费者心理需求的把握。

要树立关注旅游消费者心理需求的营销观念。旅游消费心理是指旅游者在旅游消费活动中发生的各种心理现象及其外在表现,旅游者在旅游消费活动中的各种行为无一不受到心理活动的支配。旅游是一项特殊的综合性游览观光活动,而旅游活动本身就是一种心理需求活动。所以,旅游业经营单位应树立关注旅游消费者心理需求的营销观念,切实从旅游消费者心理需求的角度出发,开发经营旅游产品。

要研究旅游消费者心理活动对其旅游购买行为的影响,并以此指导旅游经营活动。旅游消费者的心理活动直接驱动其旅游购买行为。在旅游经营活动中,通过对旅游消费者心理活动过程的研究分析,就能够把握旅游消费者购买行为的基本模式,刺激旅游消费者产生旅游需求,并引导其做出购买决策。基于此,就要求旅游经营管理人员必须具备旅游心理学方面的基本知识,并能运用这些知识研究和分析旅游消费者心理活动,以此指导旅游经营活动。

要致力于向旅游消费者提供较高的效用,使其感到满意。从心理学的角度而言,旅游产品的效用就是旅游消费者在旅游活动中得到的快乐和满足。游客购买的不是旅游景点本身,而是在旅游过程中得到的享受和休闲。所以,旅游经营者应了解旅游消费者的群体需求和个体需求,有针对性地向他们提供标准化和个性化的优质服务,以顾客满意为经营宗旨,方能取得较好的经营效益。

要从旅游消费者心理感应角度塑造旅游产品的品牌形象,实施名牌战略导向。在当今激烈的市场竞争中,形象塑造已成为旅游经营者占领市场制高点的关键。我国旅游资源得天独厚,丰富的自然生态景观、悠久灿烂的古代文明遗存、多姿多彩的少数民族风俗文化,均可构成独具特色的旅游品牌。旅游经营者要站在全球高度,从旅游消费者心理感应角度出发,开发出世界级的名牌旅游产品,切实促进我国旅游业的发展。

要运用整体市场营销的方式,刺激旅游消费者的旅游需求。整体市场营销就是要从旅游消费者的旅游需求出发,有机地、灵活地从事旅游产品设计开发、定价、分销渠道及促销等一系列活动,实现旅游产品的最终销售。另外,政府主管部门需要制订并实施整体市场营销的战略与计划,积极协调相关单位,利用各种营销手段开展市场促销活动,刺激旅游消费者的心理,激发他们的旅游购买欲望,最终实现旅游购买行为。

（二）影响旅游商品消费行为的因素

旅游商品生产企业要想设计和生产出独具特色、适销对路的旅游商品,并使其旅游商品在市场竞争中处于有利地位,实现旅游商品的经济效益,就要了解国内外旅游商品的销售市场,了解旅游者需要什么样的旅游商品。因此,了解旅游者对旅游商品的需求是至关重要的,只有这样旅游商品的生产者才能设计与生产出深受旅游者喜爱的旅游商品。下面从旅游者和旅游商品两方面进行分析。

1. 旅游者购买旅游商品的动机,影响着旅游者对旅游商品的需求

旅游者购买某种旅游商品是由旅游者的购买动机所决定的,不同的旅游动机,其购买的旅游商品也不同,了解旅游者购买旅游商品的动机,是旅游商品开发的前提。因旅游者的个体背景千差万别,所以他们的购物动机是多种多样的,根据调查分析的结果表明,旅游者在旅途中进行旅游商品消费时,主要出于以下几个动机。

（1）留作自己使用

这类游客购买旅游商品的特点比较注重实用、实惠,也就是比较重视旅游商品的经济价值。他们在购物时仔细慎重、精打细算,不易受外形、包装、商标和广告宣传的影响。如日本游客比较喜欢购买糖果、香烟、化妆品、酒、服装等。

（2）作为礼物,馈赠亲朋好友

中国自古就是讲究亲情礼仪的,在旅游活动过程中,旅游者常常会购买一些物品作为礼物用来赠送给亲朋好友。这种情况下,有些旅游商品可能自己不一定想买,但是如果作为礼物却是他们选择的商品。比如说厦门的金门菜刀,温州人去厦门买菜刀并不是很多,但是让温州人把它作为一种礼物送给亲朋好友时就会有不同的效果。还有一些珠宝首饰,可能男士作为自己用的时候买的不多,但是作为礼物送给家人和朋友买的就比较多了。或者购买一些具有旅游地特色的旅游商品作为礼

物馈赠给亲朋好友。作为礼品性,小巧玲珑、包装精美的旅游商品对旅游者具有很大的吸引力。[①]

（3）收藏的动机

有的旅游者有收藏各地旅游商品、工艺品和古董的爱好。这些游客对各地的文物古玩及做工精致的艺术品比较感兴趣,而且也舍得花更多的钱来购买。

炫耀自己走过的地方,表明自己眼界开阔和富有,这些游客总希望购买一些能反映旅游地文化古迹、风土人情的纪念品。

（4）为获取知识而购买

这些游客对具有旅游地文化特色的旅游商品比较感兴趣。如旅游地书画、不属国家禁止出口的古玩和历史文物、碑刻、拓片、仿古书画、古董复制品、古籍影印本、出土文物复制品、文房四宝等。它们既具有历史、艺术和科学价值,又具有教育和纪念意义。

（5）留作纪念,作为回忆自己所去过的旅游地点或某地的经历

这是旅游者购买旅游商品的一个主要动机。具有这种动机的游客一般对旅游地具有民族特色、地方特色、审美价值和纪念价值的旅游商品比较有兴趣,并购买它们留作旅游纪念以加深对旅游经历的感受。如到南京购买南京的雨花台;到江苏宜兴购买紫砂壶等。

（6）注重旅游商品的新奇特色

这类游客一般来说好奇心强,喜欢标新立异,追求自我价值。这类游客不重视商品的实用性和价格高低,比较喜欢时尚、新颖或独特的旅游商品,所以这些游客比较重视旅游商品的造型、色彩、式样、外观等。他们对广告宣传和社会潮流很敏感,易受情绪的支配。

旅游者对旅游商品的需求动机影响着旅游者对旅游商品需求的种类和特点,这是旅游商品生产者设计和生产旅游商品首先应该考虑的因素。有学者曾对去杭州的游客的旅游购物动机进行调查分析:去杭州旅游者购买旅游商品的动机中,为留作纪念的占45%,馈赠亲友的达32.8%,为获取知识而购买的仅占9.2%,由于实际需要才决定购买的占10.9%。对于购买旅游商品而言,旅游者的目的一般是为了作为纪念品或者回赠亲友的礼品,因而旅游商品在设计上应该充分体现地方文化特色,让旅游者认同旅游商品可以给自己带来美好回忆,并有将该商品赠

---

① 蒋冰华.旅游商品开发研究[M].北京:新华出版社,2013.

送给亲友的冲动。

需要指出的是,以上这些旅游购物心理往往是相互交织的,游客在购物中往往希望旅游商品能带给他们多方面的满足。这就需要旅游商品企业在旅游商品开发设计中要进行多方面的考虑,满足游客多种动机的需求。

2. 旅游者的个性特征影响着旅游者对旅游商品的消费

旅游者的个性特征如年龄、性别、文化程度、职业、兴趣、爱好等不同,对旅游商品的消费也不同。如玩具之类的旅游商品一般儿童、女士、年轻人消费的比较多。游客的年龄、职业、文化程度在一般程度上代表着旅游者的收入水平,收入水平不同,旅游者的消费档次也就不同。不同兴趣、爱好的旅游者对商品有着不同的消费,如喜爱古玩的人一般对那些文物古玩和精美的仿制品会感兴趣。

从性别上来看,一般来说女性比男性更易产生购物行为,因此,女性购物普遍高于男性,男性旅游者购买旅游商品的比较少,一般都是被动性的购买,也就是受人所托购买一些旅游商品。在选择旅游商品时,男性游客比较重视文化艺术类旅游商品,而女性游客则比较重视实用性旅游商品。比如一些研究者曾对西安的游客进行调查发现,年轻女性旅游者对收藏类旅游商品的兴趣不大,而对食品类、服饰类、珠宝首饰等旅游商品的倾向性较大。从价格上来说,女性比男性更注重旅游商品的价格。

从年龄上来看,老年游客多购买一些比较具有实用性的旅游商品,他们更强调旅游商品的经济实用、舒适安全、质量可靠、使用方便,至于旅游商品的款式、颜色、包装等考虑的比较少。中年人则比较喜欢土特产和其他旅游商品,如香水、烟、酒、珠宝首饰等。

从文化程度来看,文化程度比较高的游客对带有文化气息较浓的旅游商品更感兴趣,尤其注重旅游商品的艺术性和具有保存价值,他们在选择旅游商品时自主性比较强,在购买行为中表现出较高的理智,受社会流行和时尚等因素的影响较小,一般都是挑选自己喜欢的商品。如到安阳购买仿甲骨片、仿司母戊鼎的游客多为文化程度比较高的。

3. 旅游商品的特色和质量

旅游者到异地旅游,都希望能购买到具有鲜明地方特色和民族风格的旅游商品。旅游者到云南旅游希望买的是云南少数民族的蜡染、云锦、云烟、滇红茶等;到苏州希望买的是苏州的刺绣,游览太原时外地人会买山西陈醋;到五台山想买墨、台砚;到北京想带几盒茯苓饼;到杭州想买丝绸等这些代表民族和地方特色的旅游商品。旅游商品鲜明的地方特色和优良的品质是激发旅游者进行消费的一个重要因素。同时,特色鲜明的旅游商品必须有高质量做保证,有特色、质量佳的旅游商品能够促进旅游者的购买欲望,任何没有质量保证的旅游商品都不会有长足的发展,也谈不上形成具有地方特色的名产。

旅游商品的使用价值主要体现在其质量上,质量好的旅游商品其价值的实现才有保证,从这一角度而言,旅游商品在设计过程中应该充分体现出自身的纪念性、礼品性、艺术性、实用性等特点。

尤其是旅游商品质量保证更重要,因为平时顾客在当地买的商品如果出现质量问题至少还可以拿到商店去退或者调换,但是旅游活动是异地旅行,购买的旅游商品也是在异地购买的,如果一旦出现质量问题,那么退或者调换都是非常麻烦的,很多游客即使买了质量有问题的旅游商品,只要不是花钱太多的,就懒得调换了,但是会引起隐形投诉或者影响他们对旅游商品的再次购买。一些游客到旅游地不敢购买旅游商品尤其是贵重物品(如金银首饰、珠宝翠玉、文物古玩等)的原因就是因为怕买了出现质量问题。

4. 旅游商品的价格和包装

旅游商品的价格影响着旅游商品的销售数量,旅游商品的消费弹性比较大,当旅游商品的价格弹性发生变化时,人们就会减少或增加自己对旅游商品的消费预算。因此,旅游商品的价格要合理、灵活,应该照顾到大多数旅游者的购买能力。首先,合理的旅游商品价格就是按质论价,也就是价格和质量应该是相符的,这样既让旅游商品销售商盈利,又能让游客满意,做到买卖双方的"双赢"。其次,应该符合旅游者的购买能力,即使再有特色的旅游商品如果超过了游客的购买能力,也无法完成旅游商品交易活动,那它的销售量也是非常低的。

另外,旅游商品具有礼品性的特点,因此,旅游商品的设计不仅讲究精致、造型美观、要求大小适中,而且还要注意商品的包装。精美的包装可以给人一种华丽、高贵之感,足以使游客显示出自己的经历和身份,使之成为馈赠亲友的佳品。

5. 旅游商品的艺术价值

旅游商品的艺术价值在旅游者进行旅游商品消费时是至关重要的，因为旅游商品蕴含着浓郁的纪念意义。旅游者对旅游商品的艺术性的要求主要是美、好看、漂亮，能给人以美好的艺术享受，这就要求旅游商品要把民族特色、地方特色同时代特色和现代人的艺术欣赏习惯结合起来，还要注意不同文化背景的审美要求。当然，由于人与人的修养不同，生活习惯不同，审美情趣也存在着很大的差异。一种旅游商品不管其内容与形式如何，其都具有一定的艺术价值，也都会有属于自己的艺术圈子和框架标准，自然也就具有一定的艺术分量。

6. 旅游商品的地点

各个地区的旅游商品从某种意义上来说都具有一定的纪念意义，大多数的旅游者在进行旅游商品消费时，理所当然地首先要考虑到购物的地点。旅游者都希望在产地或具有纪念意义的地方购买自己所喜欢的旅游商品，只有这样，所购买的物品才具有商品以外的特殊价值，即纪念性，才能唤起旅游途中的美好回忆。如杭州的丝绸、景德镇的瓷器、贵州的茅台、东北的人参，等尽管这些商品遍及全国，但对游客来说在旅游地点买的才更具有纪念意义。

第二章 旅游商品设计概述

设计是一个比较复杂的过程,其中涉及很多要素。旅游商品设计同样是一个相对复杂的过程,需要人们结合多方面要素,与时代发展相贴合,确保所设计出的商品符合人们的购买需求。本章主要对旅游商品设计的基本知识、设计内容、设计导向展开分析。

第一节 旅游商品设计的基本知识

一、设计的基本知识

(一)设计的定义

设计这个词在中国很早就有了,最早是被作为动词使用的,比如《三国演义》里提到设计用计的就有17个回目。在西方,设计也长期被作为动词使用,其概念产生于文艺复兴时期,如15世纪绘画理论家弗朗西斯科·朗西洛提(Francesco Lanciloti)在其《绘画论集》里把设计与创造、色彩、构图称为绘画四要素,这里设计主要是指艺术表现的各个要素的处理和组成元素的有机结合。[1]

现在我们所说的设计也常被作为名词运用。张道一教授主编的《工业设计全书》中解释设计一词含义的时候提到设计的双重属性,之所以词性具有了双重属性是因为第一次世界大战之后,在世界第一所设计教育学校德国包豪斯(Bauhaus)成立时,设计被作为一些课程名而出现,如"家具设计""印刷设计"等,设计慢慢地具有了名词功能。[2] 但设计

---

[1] 沈澈.设计概论[M].长春:东北师范大学出版社,2014.
[2] 同上。

作为具有现代意义上的一种科学、一个学科概念,是从150多年前英国工艺美术运动的先驱者艺术评论家约翰·拉斯金(John Ruskin)与设计师威廉·莫里斯(William Morris)所形成的设计思想开始的。在随后的20世纪里,设计学科逐步发展并走向成熟。

设计在现代汉语中的意思是"在做某项工作之前预先制定方法、图样等"。"设"的基本解释为布置、安排、设立、设置、筹划等,"计"有主意、策略、谋划、打算等意思,"设计"一词几乎包含了"设"与"计"的所有含义,因此具有宽泛的内涵。

1974年第15版的《大不列颠百科全书》对"Design"进行了较明确的现代性解释,即指进行某种创造时计划、方案的展开过程,即头脑的构思。可见在西方Design与汉语原有词汇"设计"在本质上是一致的。但随着时代的发展,这个词慢慢具有了更多的不同内涵。对什么是设计也有了很多种说法,至今也没有统一的观点。对于设计定义的历史演变过程,李砚祖在《设计艺术新论》一文中作过如下的梳理。

1907年德国的第一个设计团体"德意志制造联盟"在慕尼黑成立,作为一个最具影响力和凝聚力的设计组织,其宗旨是"通过艺术家、工业家和手工工人的合作努力,以达到工业化产品的改进"。

这一宗旨,也可以理解为20世纪初人们对设计的一种定义,作为设计的理想和一种认知。在德意志制造联盟之后,德国最重大的设计事件是包豪斯设计学院的建立。1919年在建筑师格罗皮乌斯(Walter Gropius)的努力下,在德国魏玛建立了一所真正现代的设计教育院校——包豪斯。包豪斯的办学宗旨是倡导"艺术与科学技术的新统一",我们也可以将此看作是他们对设计的一种注解和定义。

20世纪60年代,设计发展的良好势头以及在各国经济发展中的重要作用,不仅使得"设计"日益受到重视,"设计"自身的疆域也得到了极大的拓展,"扩大到包括人类环境的一切方面,仅受工业生产可能性的限制"的地步。20世纪60年代既是现代设计的鼎盛时期,又是设计发展的一个转折时期。设计正从现代主义阶段向后现代主义阶段转变。当然,对于"后现代主义设计",我们既可以理解为不同于现代主义设计的一个历史新阶段的设计,即现代主义之后的设计,也可以理解为现代主义后期阶段的设计。无论如何,设计的变化是毫无疑义的。

20世纪80年代以来席卷全球的信息革命浪潮,使人类社会开始步入所谓的"数字化时代",信息高速公路、网络、计算机的普及,不仅置换了设计工具,更改变了整个人类社会的生活,同时,也催生了信息艺术设计之类的新设计专业。

设计的观念在不断革新,其疆域也在逐渐拓宽,学科交叉增多,区域性设计与社会性设计越来越凸显起重要性,设计的向度更加多元化,所以,设计这一术语的界定变得更加困难。

诚然,上述的梳理更多的是从工业设计角度出发的。1998年在国家教育部颁发的学科目录中,没有了中国高等教育界延续使用了近半个世纪的"工业美术"专业,而将其改称为"艺术设计"。随着一个名词的"消亡",设计具有了更新、更广的内涵。对于设计的定义总结起来大抵有以下一些观点。

1. 用工业设计表述

从工业设计角度来理解设计是比较早期的对设计的理解,具有普遍代表意义。在许书民《设计概论》中可以看到:"这样'Design'的理解更多的定义为对展品外观的要求和内部结构的安排等,他强调产品的色彩、肌理、形态等形式因素,注重对设计产品材料的开发、研究,追求产品的观赏性和审美价值。"

2. 从不同学科领域来理解设计

主要从社会学、心理学、管理学、经济学、美学、艺术学等方面来理解。比如认为设计是一种心理思维到具像的表达方式,是跳跃性或逻辑性思维的某种冲动,设计就是经济效益。又如认为设计是一种社会文化活动,一方面,设计是创造性的、类似于艺术的活动,另一方面,它又是理性的、类似于逻辑性科学的活动。值得一提的是,从艺术角度来理解设计,要么把设计等同于艺术,如提出"设计是艺术";要么在某些方面认为艺术与设计在造型形式和思维追求有很多共性,如艺术讲求创造,于是又有了设计就是创新、设计就是追求新的可能等理解。比如何人可在1991年版的《工业设计史》中提到"人类为了实现某种特定的目的而进行的创造性活动,是人类得以生存和发展的最基本的活动,它包含于一切人造物品的形成过程之中"。

3. 从人的角度理解设计

设计的主要参与者是人,设计的出发点都是以人为中心,设计的结果也是服务于人,可以说设计的整个过程都是紧紧围绕人这一中心点。

因此认为设计是人有意识的、自觉的、有目的的创造性实践行为。比如有"人为事物是设计的本质"的这种说法。

4. 以上观点相互交叉组合起来理解

如解释为设计是人类创造产品、产品为人类服务的双向过程,所涉及的诸多创造性思维活动和创造性操作实践的总合。设计包含艺术,科学、经济三个方面,包括构思通过行为,最终物化实现价值的创造性过程。

面对如此多元、如此变化,也如此复杂的定义。在此列举几种较为有影响的定义。

李砚祖:"设计是人类改变原有事物,使其变化、增益、更新、发展的创造性活动。设计是构想和解决问题的过程,它以艺术设计为手段,以提高人类生活质量为主要目的,它涉及人类一切有目的的价值创造活动。"

王受之:"所谓设计,指的是把一种计划、规划、设想、问题解决的方法,通过视觉的方式传达出来的活动过程,它的核心内容包括三个方面,即计划、构思的形成;视觉传达方式,即把计划、构思、设想、解决问题的方式利用视觉的方式传达出来,设计通过传达之后的具体应用。"

(二)设计的目的

设计想要达到的结果是设计者做设计的明确追求。设计的践行者是人,其物化后的服务对象都是与人类自身密切相关,如果我们以人为中心来看设计,可以理解设计的目的是让人在某些需求方面能得到改善。正如英国著名哲学家弗兰西斯·培根(Francis Bacon)所讲的那样,"人们的需求需要用'人性和慈善'来引导,而且人的需求,不应该是为了自得其乐、争强好胜、高人一等、追逐名利、争夺权位,或者其他任何类似的自私的目的,而应该是为了改善生活"。

(三)设计的要求

设计的基本要求是指构成设计的必要要求。由于对设计内涵的理解不同,导致对设计的基本要求理解也不同,普遍意义上来讲,对设计的理解是从人为事物、实用造物、视觉传达等几个观点出发,在此基础上我们提出几个基本的要求供参考。

1. 创新要求

创新是人类特有的认识能力和实践能力，是人类主观能动性的高级表现形式，是推动民族进步和社会发展的不竭动力。创新作为设计是要通过一定材料与媒体来表现，其过程是具有创造性的，创造性本身就具有创新特质。

2005年10月《中共中央在关于制定国民经济和社会发展第十一个五年规划的建议》指出，必须将"增强自主创新能力"作为科学技术的战略基点和调整产业结构、转型经济增长方式的中心环节。可见创新在经济、文化、设计领域的重要地位。

创新很大程度上受到科学技术的影响，对于设计领域的创新不同于发明创造，不是指创造新的科学理论。设计的创新是指运用现有的科学基本原理与法则来进行对客体的组合或构成，使之产生新的持续或新的联系。因此要求设计者思索的创新原则，更多的是在设计理念与方法上个性化、内容与形式构建表达上差异化。

创新是艺术的生命力，是设计能持续前进的动力，也是设计的灵魂与魅力所在，创新在现代艺术设计中有了共同的价值肯定，并逐步演化为产业。

2. 功能要求

功能主要包括物质功能、精神功能和审美功能三个层面。物质功能主要是适用的功能，分安全、实用、机能等几个方面。从人类设计最早产生的那一刻起，实用是先于审美，功能是早于形式。原始民族的大半艺术作品都不是纯粹从审美的动机出发，而是同时想使它在实际的目的上有用的，而且后者往往还是主要的动机，审美的要求只是满足次要的欲望而已。如原始的装潢就大体而且全然不是作为装饰之用，而是当作实用的象征和标记。从这一角度我们可以得知，设计的主导要素是功能，在设计的过程中，旅游商品的功能价值要远大于形式价值，形式与功能相比较而言，前者是追随后者的。

精神功能是通过物质要素展现出来的无形意蕴，影响着人们的感官，传达着一定的文化精神，包括如陶冶情操、有益心身、思想交流、认知性、象征性、社会性等精神需求功能。比如中国古典园林种植梅、兰、松、竹表现清心高雅、超凡脱俗的精神追求。审美功能是最高层次的功能，他是对满足人类物质基本需求的物质功能与情感寄托、精神启迪的精神功能的升腾。

美在设计中占有很重要的位置。对于美这个东西说法很多,设计中的审美功能最表层的初级形态是"美观",我们可以从字面角度理解就是形式上的好看,也可以理解成外观遵循形式美法则,设计中的审美功能最里层的高级形态是"意境",意境是指借助设计作品形象传达出的意蕴和境界,是在自然美、生活美和艺术美三方面所取得的高度和谐的体现。

意境由"实境"和"虚境"两部分组成,虚境是以实境为载体,通过实境来表现,是实境的升华,体现着实境创造的意向和目的,体现着设计作品整个意境的艺术品位和审美效果,因此意境的结构特征是虚实相生。比如在视觉传达设计中常采用计白当黑。在中国古典园林中讲究物我相融、自然天成、情景交融等结构特征来体现恬淡闲适、安谧自然的意境,提高作品的审美功能。人类具有追求美的本真诉求,美能够使人们感到愉悦,设计物的目的是服务于人,因此设计在创作过程中应该考虑物化后具有好的审美功能,能给人带来美的享受。

3. 生态要求

设计的生态原则是指设计要遵循人、自然、社会和谐发展、良性循环、全面发展、持续繁荣这一要求。

20世纪60年代美国设计理论家维克多·巴巴纳克(Victor Papanck)在其著作《为真实世界而设计》中提出应该严肃考虑有限的地球资源的使用问题,并为环境保护服务。在当时这些观点并未受到重视。随着20世纪70年代的"能源危机",1975年格鲁斯(Jochen Gros)提出"有意义的功能"理论,倾向于知觉心理学等人文科学思想方法,提出再生循环处理设计思想,即生态设计。现在的设计师逐渐认识到设计的功能更加多样化,不仅要为人类生活创造现代化的生活方式,而且还需要满足日益增长的物质文化需求,同时还需要遵循可持续发展原则,避免环境污染、生态破坏现象的出现。

设计的过程以及最终形成的状态不能以破坏人类日益严峻的自然环境而存在,应该与自然协调。征服自然的设计极致化将导致自然不会给设计的继续提供条件。此外,生态还包括精神上的生态,设计作为人类文明表现的一种载体,他本身就承载了文化的积淀与传播,其精神上的生态有着举足轻重的意义。

人类要生存和可持续、健康的发展,生态将是一个永恒的时代主题。对于设计的基本要求有很多观点,比如除前边的三点之外,还有经济性、简约性、耐久性、科学技术性等。这些观点是从不同角度理解设计,有助于我们认识思考设计。

二、旅游商品设计的内涵

旅游者的需求是旅游商品设计的主要依据。旅游商品设计通过具体的物品,将旅游地的历史文化、族群精神进行艺术化的再创造。它既影响着旅游购物的方向,同时又承载着传统文化的发展轨迹。它融合了旅游地文化与设计者主体价值取向,是文化的再创造行为。[①] 旅游商品设计主要具有以下两个特点。

第一,旅游商品设计体现了当地的传统文化。与其他工业产品不同,旅游商品包含着旅游地文化、游客精神追求等多方面的因素,这些因素集中在精神层面上,统一于文化。旅游商品在旅游地文化的传播过程中,实际上充当着传播媒介的角色,承载着旅游地的文化精神。

第二,旅游商品设计体现了时代的需求。任何商品的设计通常都是一种文化的产物。文化具有多样性的特征,设计主体在对其进行选择时往往以时代需求为导向,结合自身的价值取向,选择能够满足旅游者需求的商品。通过创造、设计,形成满足时代需要的旅游商品。[②]

需要注意的是,旅游商品设计不是传统文化的简单叠加,也不是设计主体观念的单纯再现,而是传统文化与时代艺术的融合与创造,当然,旅游商品的设计主要基于旅游者的实际需求。旅游商品设计是一种富于创新、健康与可持续发展的旅游方式,综合了与旅游相关的各种文化,并在此基础上实现新旅游文化体验的过程。

三、旅游商品设计的原则

旅游商品不能凭空设计,而应该有科学的方法和理论依据作为指导,这样才能给旅游商品的开发树立一个正确的方向,以最少的时间、最少的资源设计出最优质的旅游商品。旅游商品设计应该遵循以下原则。

[①] 李金华.旅游商品及其采购管理[M].北京:经济管理出版社,2016.
[②] 梁留科.旅游商品创意与设计[M].北京:科学出版社,2016.

第二章 旅游商品设计概述

(一)参与性原则

参与性原则其实就是让游客亲身经历、获得体验。当代是体验经济的时代,什么是体验经济呢?体验经济就是企业以服务为舞台,以商品为道具,以消费者为中心,创造能够使消费者参与、值得消费者回忆的活动。旅游业经过改革开放以来的发展,已经进入了追求体验和感官刺激的时代,"体验"是一种有深度的参与,是肉体与精神的双重参与,是一种通过肉体上的移动来实现精神上的满足的行为活动,是一段通过人为环境的改变来刺激人体感官,从而营造一段深刻经历与回忆的情感历程。只有让游客体验到旅游的文化与新奇,同时获得放松和心理认同,游客才会印象深刻、欲罢不能。设计师在对旅游商品展开设计的过程中,需要充分考虑游客的因素,围绕游客的旅游体验需要展开设计,顺应体验经济发展的大趋势,充分满足时代发展对旅游商品的参与需求。

(二)差异性原则

现今旅游市场上的旅游商品存在一个很大的问题,那就是同质化严重、互相抄袭,在全国各地看到的旅游商品都是千篇一律。旅游追求的是"人无我有,人有我优,人优我特",一个"特"字就充分说明了旅游商品的差异性有多么重要。由于旅游者个人存在着阅历、兴趣爱好、经济收入和文化修养等方面的差异,从而决定了他们对旅游商品的需求层次、审美标准及其评判结果不同。这就要求旅游商品要有足够的个性化差异和不同的种类,以与其他旅游商品区分。只有设计出独具特色的旅游商品,让游客保持对旅游商品的新鲜感,才能满足广大游客求新、求异的消费心理。

(三)情感化原则

游客进行旅游活动的一个很重要的目的就是满足自己求新、求异的情感需求,所以旅游行为是一种很主观、具有很强情感性的社会行为。尤其是游客在购买旅游商品时,很容易受自身心理情感的影响,所以情感化的设计原则要求设计师把对旅游商品的情感体验融入旅游商品的设计中,给游客带来欢乐与喜悦、自豪与反叛、焦虑与生气、害怕与愤怒等多样性的情感。旅游商品设计需要把握住这种情感,并在设计中将其释放。在设计旅游商品的过程中,设计师需要遵循情感化原则,充分融入情感因素,以情动人,让游客产生共鸣,激发游客的情感体验欲望。

(四)娱乐化原则

游客进行旅游活动的目的之一是将自己从惯常的生活环境中解放出来,到一个陌生的、新奇的环境里体验不同以往的生活,获得放松,因为放松可以使游客更好地投入未来的工作与生活。一些产品通过好的设计能够传达出风趣幽默、诙谐调侃的信息,进而带给游客身心的愉悦与放松,所以旅游商品的设计应该遵循娱乐化原则,使游客在娱乐中获得身心的放松与个性的解放。

第二节 旅游商品设计的内容

旅游商品设计的实质是对旅游地产品的创新设计。旅游地并不缺少商品,只是缺少能够代表旅游地文化的品牌商品。旅游商品设计的关键是要凸显旅游地的文化特性,强调旅游地的地方特色,呈现旅游者的审美观念。旅游商品设计主要包括在旅游商品的造型、包装、空间上进行创新设计。

一、旅游商品的造型设计

(一)旅游商品造型设计的要求

旅游商品的造型设计,即在外观上对商品进行创新,运用旅游地诸多的文化元素设计出独特的产品造型,缓解旅游者对旅游商品造型的审美疲劳,进而激起游客的购买欲望。具体而言,旅游商品造型设计应满足以下五点要求。

1. 形象新颖

旅游商品的造型既可以是具体的,也可以是抽象的。不同的景点应具有不同的形象,旅游商品的设计者只有抓住形象、抓住旅游者的心理,才能抓住市场。目前,旅游市场上的旅游商品过于单一,迫切需要创新,自然材料在创意的支撑下能够产生出新奇的形象,这就要求设计师在旅游地的自然材料中加入一些新奇的创意,让旅游商品具有新颖的形象,以吸引旅游者进行购买。

2. 形状优美

旅游者的审美观各不相同,但喜欢新奇的商品是他们的共性。新奇的旅游商品能够满足旅游者对异域文化的追求。因此,旅游商品设计者在形状的设计中,不能完全按照自己的审美标准而忽视旅游者审美。设计的旅游商品应符合大众审美,迎合大众需求。

3. 趣味性强

趣味是旅游商品的精神内涵,能够使旅游者感到赏心悦目。目前,许多旅游商品越来越具有情趣化,有的蕴含着有趣的故事,有的融入了游客自身有趣的旅游经历。

4. 构思巧妙

旅游商品设计强调实用性与艺术性相结合。旅游商品在设计过程中应做到构思巧妙,主张心物合一,使人的思想融入商品的设计中。对旅游商品设计的巧妙讲究和重视是构思设计的一贯传统,巧妙的造型能够较大程度地引起旅游者的审美效应,使其产生购买动机。

5. 寓意特定

中国传统文化思想非常重视伦理道德上的感化作用,体现在旅游商品中,表现为对旅游者审美情感的满足,而且应符合传统文化内涵的要求。受到中国传统文化思想的影响,旅游商品设计应具有特定的寓意,可借助造型、体量、色彩、纹饰等来表达一定的文化思想。目前我国旅游商品造型设计主要有两种倾向,一是纯文化的展示,显得矫饰造作;二是物用功效突出,寓意不深。相比较而言,旅游者更青睐于那些具有刚建质朴、充满生活情趣的旅游商品,因为这些商品是以生产者自身的意愿为象征内涵的,自然更加被旅游者所钟爱。

(二)旅游商品造型设计的方法

旅游商品造型设计的方法主要有以下四种。

1. 体现景区特色

旅游商品造型设计方法要以当地原材料的加工为依托,设计出反映旅游地的景区风貌、表现出地方特色和个性的造型。例如,中国台湾地区九族文化村的独卖商品馆,主要出售九族吉祥物——娜鲁湾家族娃娃系列人、介绍中国台湾地区原住民文化的专书《拾穗九族》、九族民歌民谣录音带和激光唱碟。要想打动游客,必须具有灵活的创新、新颖的设计,提炼出景区的文化,重新对景区外观造型进行设计,进而设计出具有旅游地文化特色的商品。如采自长江三峡的名贵花草、珍稀蝴蝶、峡江红叶等野生生物标本,经脱水后塑封而成的三峡自然卡,再现了生物的自然状态,并可长期保存,既为科研、教育提供了方便,也是很有价值的旅游纪念品和收藏品。

2. 满足多功能需求

旅游商品作为一件产品,功能决定它的价值。因此,旅游商品可通过造型设计,改变传统的观念,设计新的功能,将实用功能与观赏功能进行结合。例如,德国的制造商将精美的瓷盆制作成一个挂钟;荷兰的制造商将一只彩色的木靴制成笔筒等,这些物品既是装饰品、纪念品,又具有实用价值。因此,面对社会生活简约化的发展趋势,可以尝试改变旅游商品以往纪念、使用等单一的功能,应不断实现旅游商品审美与实用价值的充分结合。

3. 反映历史文化

通过造型设计,能够充分表现旅游地的历史和文化信息。旅游商品的一个重要作用就是能够对旅游地的历史和文化进行推广。无论是旅游活动,还是旅游商品,都蕴含着旅游地的文化。从文化意义创新的角度出发,可以将文化融入旅游商品的设计之中,传达给旅游者。无锡很多旅游景区与艺术院校合作开发设计新的旅游商品,充分体现了旅游商品的历史文脉。例如,艺术学院教师为太湖鼋头渚风景区设计出系列造型的旅游商品"震泽神鼋""太湖宫扇""水漏"等,都蕴含着丰富的历史文化。

4. 系列设计造型

系列设计造型是指"将同一造型或图案应用于不同原材料和商品上,或者采用不同的色彩和线条变化来形成一系列的旅游商品"。旅游商品造型只有实现系列化、多样化、配套化,才能满足不同旅游者的需求。旅游景区同质化的开发,使旅游商品数不胜数,但难以选出最具凝聚性的商品,这就需要在造型、包装、价格等各方面进行多样化、系列化、配套化的造型设计。

例如,在"音乐之都"维也纳,印有莫扎特人像的纪念品非常丰富,这里有莫扎特盘子、莫扎特巧克力、莫扎特鼠标垫、莫扎特领带、莫扎特雪花饰品、莫扎特酒、莫扎特棒球帽等,形态各异,品类齐全。

又如,2004年雅典奥运会吉祥物雅典娜和费沃斯,其形象遍布于各式各样的纪念品上,包括旅行包、毛巾、衣服、文具等。游客们可以依据自身喜好选择商品,无论大小、材质,在系列化的商品中总会有一款适合他们。雅典娜和费沃斯如此高的曝光率让游客加深了对雅典和雅典奥运会的印象,为改善和提高雅典的城市形象和知名度做出了极大贡献。可见,系列化造型设计提高了旅游地文化曝光率,加深了旅游者对旅游地文化符号的认知,促进了旅游商品品牌化的发展进程。

二、旅游商品的空间设计

(一)旅游商品空间类型设计

1. 专营商店的设计

专营商店的设计应与附近景点在主题上保持一致,体现出经营商品的专业性、特色性,档次要求要高。例如,在西藏拉萨大昭寺前的八廓街上有家藏族纪念品专营店,名为八廓唐卡艺术村,它是拉萨最大的唐卡店,经营着以唐卡为主的各式手工艺品和纪念品,具有浓郁的藏传佛教色彩。

2. 附属商店的设计

附属商店是指各饭店、景区为方便旅游者购买而设置的商品部、商场、购物中心。

附属商店主要有两类。

(1)店内商店,主要建设于饭店或庭院内的大厅或底层,它在空间设计上应与饭店的整体格调保持一致,这一类商店不应过于突出自身的

形象,以达到为饭店服务的目的;

(2)店外商店,主要售卖当地土特产、纪念品和即食类食物,这一类商店的设计应突出地方特色文化标志。

3. 兼营商店的设计

兼营商店的设计强调统一性和整体性,要体现配套功能,体现现代时尚要素与地方文化元素的相互融合,展现多姿多彩的魅力,让地方多元文化要素在整体格局中都能够有所体现。兼营商店的设计还应充分考虑价格及服务因素,要考虑降低旅游者的寻找成本,减少不必要的购物时间,让旅游者能够快速找到所需要的商品。

4. 商业街区的设计

商业街区是建立多渠道、多形式的销售区域,要设计不同的标识,以体现区域内不同产品的属性。个性化的设计在商业街区要有不同的体现。例如,大理古城南门外有珠宝玉石一条街和南诏文化城旅游商品一条街,三塔寺有大理石工艺品一条街,其个性化设计都很鲜明。

5. 旅游商品专业村的设计

旅游商品专业村的魅力,不仅在于旅游商品本身,更多的是由于旅游商品所承载的传统文化及地方文化。因此在对旅游商品专业村进行设计时,应做到休闲与文化相结合。

旅游商品类型设计还包括精品店、大型购物中心、路边摊、机场、火车站及港口商店等,在设计时也要充分考虑位置、商品文化特色、周边购物环境而有所侧重。

(二)旅游商品空间设计的内容

就内容而言,旅游商品空间设计可以分为外部设计和内部设计。

1. 外部设计

精心的外部设计,既可以体现旅游商品文化的内涵,又可以成为重要的促销工具。外部设计主要包括门头、橱窗、灯光、标志、门廊和入口等。

门头设计。时尚的门头设计能够吸引旅游者驻足观望,即使是样子古怪、材质迥异的门头也能引起旅游者的关注。而过于奢华的门头,则会让人产生"店大欺客"之感,让旅游者望而却步。有学者认为,人们往往根据商店的外观来判断它的层次,而并不会直接看商品是否在他们的承受范围之内。门头设计在材料与制作工艺的选择上应充分考虑天气的因素,避免使用容易褪色变形的材质。此外,在设计色彩这一要素时,需要结合左邻右舍的情况以及周边环境,充分实现视觉与环境相和谐的联想效果。

橱窗设计。橱窗是商店外部的一个重要组成部分,是旅游者了解商品的窗口。在对其进行设计时要有分类性,将旅游商品进行分类介绍,还要凸显出旅游商品的个性。

灯光设计。灯光能够提升橱窗、入口和门前的效果,运用得当的话,还可以起到美化店面的作用,有效提升商店的品位,并吸引不同人关注自己感兴趣的商品。适当的灯光也有助于建立客人与雇员之间的信任,还有利于保障入口和停车位的安全。

标志设计。醒目的标志能够吸引旅游者、传达重要信息并加快人们对商店的认知;相反,粗糙的标志则会损害旅游地的形象,影响旅游商品的销售。标志是消费者最先看到的外观设计要素之一,在一定程度上影响着小型商店的收入。标志应有足够的亮度照明,才更容易让路人看到。

门廊和入口设计。门廊和入口是外部环境向内部环境的过渡。门廊设计既要满足安全方面的要求,也应营造轻松的气氛。入口处的通道在恶劣天气里具有十分重要的作用,它可以起到防风、遮雨、阻挡严寒的作用,同时也可以节约能源。

2. 内部设计

内部设计主要是商店内对旅游商品的陈列、布局、摆放等。内部设计主要为旅游者营造愉快的购物氛围。通常而言,旅游者在店内时间越长,成交量就越大。因此,创造舒适的店内环境能够在很大程度上增加销量,内部设计要体现以下三个因素。

旅游商品的布局。良好的内部设计首先要做到可以容纳丰富的产品。旅游商品的布局对旅游者在店内的行走路线具有较大的影响。旅游商品的布局要符合购物心理的发展过程,不能一览无余,这不利于实现商店的最大利益。在布局中要突出过程,在过程中让游客享受购物之旅的愉快,并发现一个个兴奋点。具有吸引力的布局能使旅游者长时间逗留在商店之内,这是开心购物的重要标志。

休闲环境的创造。旅游者开展旅游活动的目的主要是为了获得一种文化享受。购物从属于旅游,在内部设计中要创造舒适度。有专家指出,一个旅游者在商店中花费的时间,取决于这次购物经历的舒适程度和享受程度。另外,大多旅游者是在旅游结束之后进行购物的,这就要求购物商店提供一个休闲区间,在休闲的过程中达成商品的交易。

陈列方式的刺激。创造一种刺激商品销售的陈列方式能够有效保障旅游商品经营的成功。刺激的商品陈列方式能够最大限度地吸引游客的眼球,使旅游者的视线不游离中心商品。

三、旅游商品的包装设计

(一)旅游商品包装的重要性

人们对商品的包装有了越来越高的要求,旅游者在购买旅游商品时,往往愿意选择包装精美的、能够反映旅游地文化特色的旅游商品。旅游商品的包装具有重要的作用,具体体现在以下三个方面。

1. 有助于提高旅游商品的附加值

高质量的旅游商品也需要高质量的包装。虽然包装是商品的外部形式,但其和商品是一个统一体。只有形式内容相统一,旅游商品才能显示出和谐美;相反,如果旅游商品的外在包装与商品不统一,就会显得不和谐,就难以激发旅游者的购买欲望。包装的重要性是不言而喻的,其作为旅游商品的外在形式,充分反映了商品的质量与价值,结合不同国家旅游者所具有的审美心理,对旅游商品的外包装进行设计,可以让旅游者充分体验到商品包装的美,从而提高旅游商品的附加值。

2. 有助于促进旅游商品的销售

消费者在购物过程中的心理过程通常如下:注意—兴趣—联想—欲望—比较—信念—决心—行动。外国旅游者到中国旅游主要是为了了解中国的风土人情、欣赏壮丽的景色。他们往往根据商品的外部形式选择旅游商品。因此,商品的外部形式在很大程度上决定着游客购买的冲动。精美独特的旅游商品包装往往能够引起旅游者的兴趣,触发其购买欲望,使商品价值最终得到实现;相反,那些包装色彩昏暗、图案单调乏味的商品很难引起旅游者注意,不利于其价值的实现。

3. 有助于树立旅游地形象

旅游商品包装的设计往往以旅游地的风景名胜或民风民俗等为设计元素,因此,旅游地形象能够鲜明地呈现在游客面前,起到宣传、推广的作用。此外,旅游者通过在亲友面前展示、赠送旅游商品,能够在无形之中起到宣传旅游地的作用,有利于树立旅游地的良好形象。

(二)旅游商品包装设计的形式

旅游商品包装设计的形式主要有以下四种。

1. 品牌包装设计

旅游商品包装主要可分为独立设计包装和通用设计包装两种。独立设计包装是指"对每一种商品进行单独包装设计";通用包装设计是指"对不同种类、不同层次的商品采用统一的包装设计,即系列化设计"。通用包装设计在20世纪初出现,它是针对企业的全部商品而言的,以商标为中心,在色彩、图案等方面保持一致,它强调设计的整体性,有助于品牌的塑造。例如,天津的"泥人张"彩塑等都具有独特的包装识别。

当今社会,产品具有高度同质化的特点,包装逐渐成为品牌形象的象征。包装作为一个无声的推销员,只有增强商品的文化形象识别,才能够在短时间内打动消费者,在众多相似的同类中占有优势。

2. 特色包装设计

旅游商品的包装不仅要体现商品的文化内涵,而且要有独特、新颖的设计形式,这样才能在众多产品中脱颖而出。

特色包装设计体现在其所蕴含的地方文化。例如,日本的旅游商品包装设计不仅赏心悦目,而且颇具文化品位。其图案样式、文字形式、色彩运用无不透着强烈的"和风",精心安排的点、线、面等元素,尽显日本传统文化的空灵与神韵。此外,它的图案分布、文字编排、色彩搭配又具有时代感,既充分弘扬了传统文化,又全方位吸收了西方文化和设计精华。

特色包装设计还体现在包装材料的天然性上。目前,包装材料过于西化,大多采用塑料、金属等材质。而中国的核心思想是"天人合一",

这就要求设计者对包装材料的选择应以自然材料为主,如纸、竹、木、泥和植物的茎叶等,做到因地取材、因时用料。传统的天然包装以原始状态、简单加工、精心装饰三种形态出现,充分体现了和谐、自然的东方传统美学追求。

旅游商品包装也可通过包装材料材质对比和自然肌理的运用,来体现自然厚重、淳朴的气息。还可大量运用再生纸来构筑包装的新形象。这些都能够在一定程度上体现出旅游商品包装的特色。

3. 礼品组合包装设计

礼品组合包装设计是指将某些具有关联性的旅游商品通过包装进行重新整合,以便于携带和整体销售。将旅游商品进行组合,满足旅游者多种需求是提高收益的一种重要方式。例如,将龙井茶叶与官窑瓷茶具相组合;将女式丝巾与男士领带相组合;将小核桃、笋干、藕粉、桂花糖进行组合;将晴雨伞与扇子进行组合;将龙井茶、丝绸、剪刀、扇子进行组合;等等。上述组合形式的实现是需要一定条件的,如需要一批能设计、会经营的具有整合性质的企业,展开专业定制、品牌经营,通过一定的措施实现设计、生产、销售的"一条龙"经营。

需要注意的是,礼品组合包装的设计,要避免过分奢华,防止过度包装。过度包装在增加消费者负担的同时,也造成了城市包装垃圾增多,进而会导致城市垃圾处理负担的加重,既浪费资源,又不利于环保。

4. 人性化包装设计

旅游商品包装的一个重要作用就是便于携带,旅游者在旅游活动中购物具有临时性和流动性的特征,因此,旅游商品的包装设计要充分考虑消费者的使用需求。一些旅游商品畅销的原因,就是方便携带,使用起来更容易、更方便。因此,旅游商品的包装要进行人性化的设计。

(三)旅游商品包装视觉设计

在对旅游商品包装进行设计时,还应注重旅游商品包装的视觉设计。包装视觉设计是视觉信息传递设计的简称,即通过视觉语言进行旅游商品信息沟通,争取更多的信息接收者,引起旅游者对旅游商品的关注。视觉设计的组成要素主要有色彩、图形、文字、肌理、品牌、条码和包装形体结构等,其中,前四者可以形成一个完整的画面,称为构图要素。

1. 色彩要素

在包装视觉设计上,色彩是影响视觉吸引力最大的因素,是最富吸引力、诱惑力的无声语言,也是最富表现力、影响力的艺术表现方法。作为表达感情的视觉语言,色彩要素是包装的重要设计元素。因此,色彩在包装视觉设计中发挥着重要作用。对包装色彩进行合理选择、搭配,能够有效增强消费者的审美愉悦,还能激发消费者的购买欲望,进而增强旅游商品的竞争力。

例如,就"西湖龙井茶"的包装设计而言,以茶叶作为赠品多发生在成年人群,而成年人更偏爱一些稳重、不张扬的色彩。因此,"西湖龙井茶"的包装设计在色彩上迎合了成年人整体的审美情趣和审美心理,体现了中国传统文化的精髓。茶叶包装设计的色彩选用浅黄色,营造出复古的氛围。

2. 图形要素

图形是形、色、光同时作用于人眼的结果。图形是视觉设计的主体要素,具有信息含量大、信息传递能力大、最能感动人的特点。包装图案中的商品图片、文字和背景的配置,要以吸引客人注意为中心,直接影响消费者的购买欲,达到销售的目的。包装图案对客人的刺激比品牌名称带来的刺激更具体、更强烈,并往往伴有消费者即时性的购买行为。其设计要遵循的基本原则有:形式与内容统一;突出商品的特质属性;文字说明要具体详尽;形象要突出;功效设计科学。在设计手法上,要以简单的线条、生动的个性并搭配合理的色彩构成和谐的图案。需要注意的是,不同的国家和地区有着本民族喜爱和禁忌的图案,旅游商品包装设计应避开各民族的文化禁忌。

3. 文字要素

包装设计中可以没有图形,却不可以没有文字。文字是包装视觉设计的重要组成部分,是视觉方式中最直观地传递旅游商品信息的方法。文字是最为简洁的视觉语言,它传达的信息最直接、最有效,起着代表产品品牌形象、广告宣传和功能说明的作用。旅游商品设计包装上的文字包括主体文字和说明文字。主体文字是用来表示商品品牌、品名的标题字,是包装画面的主体部分。主体文字的设计要有突出的视觉效果。

说明文字对旅游者的购买决策产生重要影响,因为这些文字的作用是明确表达出商品的规格、成分、使用方法、品种、产地等信息,帮助旅游购买者对该商品有充分的了解。

4. 肌理要素

肌理原指物体表面呈现出的纹样,由构图中的纹样和材料的质地、纹理构成。肌理作为包装视觉设计要素,可以看作是包装的衬底装饰。材料的配列、组织和构造的不同,所呈现的色泽、纹样也各不相同,能够使人们感觉到不同的触觉质感或视觉质感。

肌理之美也是形式美的重要表现,现代人对自然物质的素质美特别喜爱,如大理石的花纹、树木的年轮纹理、毛料的柔软及绒质感、水的波纹等。包装设计要尊重人们的喜恶,发挥不同材质的特性,通过加工、提炼,构成崭新的形式,以材料特有的质感美来达到设计目的。

在包装设计上,肌理主要分为自然肌理和印刷肌理。自然肌理是包装材料天然就具有的,印刷肌理是用人工方法仿造自然质地,通过印刷技术制作出来的视觉效果。印刷肌理能适应大批量生产的要求,具有成本低、视觉效果明显的特点。在旅游商品包装设计中,除少数土特产品与高级产品运用自然肌理材料外,大多数材料都运用印刷肌理。

第三节　旅游商品设计的导向

一、寻找情感

旅游商品的设计具有情感性,设计者在设计的过程中必须以情感为导向,寻找情感、发掘文化,并且将其融入旅游商品的生产与制作中,使游客获得情感体验。比如苏州的刺绣、宜兴的紫砂壶、北京的景泰蓝,这些工艺品的知名度很高,可是人们对它们的具体制作情况(运用了哪些材料和特殊工艺,制作的过程是怎样的)却并不了解。所以,只有让游客提前了解商品,感受到商品所具有的文化内涵,产生心理与文化上的认同感,进而才会购买该产品并留作纪念。

二、打造个性

打造个性是与旅游商品设计的个性化相对应的。既然旅游商品设计需要遵循个性化,那么设计者在设计旅游商品时,必须创造性地运用新思维、新工艺、新方法,生产出创意性的旅游商品,使其从众多的旅游商品中脱颖而出,以独特性和个性化来吸引旅游者购买。

戒指村位于韩国釜山,是一家非常有创意的手工戒指店,因其推崇为心爱的人制作戒指而备受年轻人的追捧,被称作是"周末约会的必到之地"。戒指村还曾在韩国著名的娱乐节目《我们结婚了》中多次出现。

顾客想要制作戒指,可以先从店内推荐的戒指中选择自己喜爱的款式,也可以带自己喜欢的戒指样式的照片来确定款式。然后工作人员会测定手指的尺寸,与此同时顾客还要在申请表上填写姓名,是否经过预约,手指尺寸等信息。在经过刻、锤、敲、磨等环节之后,一枚戒指初"养"成。再经过仔细地搓平、打花、抛光之后,一枚满载诚意与爱的世界上独一无二的戒指就此诞生。最后店里还精心为客人准备了两种首饰盒让顾客挑选,服务十分贴心。

这里制作戒指的原材料主要是银,价格相对便宜,同时顾客还可以制作金戒指、镶嵌宝石的戒指等,价格会根据材料和宝石的种类而不同。戒指村最大的特点就是所有制作戒指的过程都是手工操作的,刻印也是直接用凿子和锤子刻上去的。而且边做戒指边喝咖啡也是戒指村的一大特点。

三、呈现幽默

幽默的外观具有吸引人的特质,旅游商品也是如此。具有幽默特点的旅游商品以一种新的方式带给游客轻松愉悦的感受,能够给游客留下深刻印象,比如一些形态搞怪、声音独特的卡通形象(加菲猫)的旅游商品就很受消费者欢迎。设计者在旅游商品的造型、材料、功能、互动性等方面注入视觉形态的生动性与形象性,并赋予个人的情感、个性和生命,使旅游商品具有滑稽性、幽默性、好奇性、幻想性及亲和性等,从而带给游客新奇、有趣的感受,使人们感到幽默与放松。

2014年10月,南京夫子庙出了个胖乎乎、矮墩墩的代言物——盐水鸭回形针,它一出场立马受到游客热捧。有游客感慨,鸭子也能做夫子庙的代言。

"鸭子"看起来胖乎乎的,很可爱,售价为5枚15元。盐水鸭是南京特产,根据它制成的回形针,被很多市民特地买来送亲友。

盐水鸭回形针的设计师施斌是浙江人,一个80后的小伙子。为了做出接地气的鸭子,他常到南京街头的烤鸭店"选鸭型",足足花了一个多月,才确定这个版本。

"古代,南京的御厨做盐水鸭,选一只合适的鸭子如选妃。为了给夫子庙设计代言物,我们也是蛮拼的。"设计师笑着说。

据了解,夫子庙文旅集团牵头设计了一系列"萌物",除了盐水鸭回形针,还有南京大萝卜系列的购物袋和卡套,以及"点赞状元"系列产品。

四、树立非物质观念

在体验经济时代,随着旅游者旅游经历的日益丰富、旅游消费观念的日益成熟,旅游者对体验的需求日益高涨,他们已不再满足于大众化的旅游产品,更渴望追求个性化、体验化、情感化、休闲化以及美化的旅游经历。所以,旅游商品的设计必须顺应这一发展趋势,树立非物质的观念,深入发掘文化资源,将非物质的文化融入旅游商品中,让游客从拿到的有形的商品中感受到非物质的文化,带给游客更多的体验经历。

在云南纳西族,人们对东巴文化进行了充分的挖掘与利用,在丽江古城,人们随处可以看到带有东巴文字的各种旅游商品,还有商家将纳西族的象形文字彩绘到T恤衫上,使这件衣服不仅体现出一种深厚的古文化韵味,而且美观实用,受到游客的热烈追捧。

五、实现可持续发展

旅游商品的原材料多取自大自然,但是部分旅游商品的生产可能会污染、破坏环境,对于民族地区来说,可能还会对文化生态带来一些负面影响。如果不注意保护,过度开发,不但会造成自然环境的污染,同时还可能破坏民族文化的原真性,弱化区域旅游吸引力。因此,民族地区旅游商品的特色应与销售地的自然和人文资源特征协调一致,做到商品开发与资源保护并举,在保护的基础上开发,在开发的过程中保护,以经济效益为中心,兼顾保护生态环境和文化的多样性,形成旅游资源促进旅游商品开发、旅游商品开发形成新的旅游资源的良性循环,实现社会、经济、文化、生态等各方面的统一、协调、可持续发展。

六、做到系列化

系列化是在物质文化生活水平不断提高、情感需求多样化的发展过程中被提出的,是情感化设计的重要方法之一。系列化设计,是在围绕某一主题或风格的前提下,进行的多款式、成系列的设计。系列产品中,主题元素是其核心,系列化要解决的问题是统一元素和特色元素在产品中的构架组合。市场上的旅游商品种类繁多,不同商家同一类型的商品更是数量众多,面对如此高密度的旅游商品,想要依靠单一商品战胜竞争对手困难重重,要想在市场上赢得消费者青睐,产品必须自成系列,形成具有整体性视觉化的商品体系,建立起商品统一而强烈的视觉阵容。系列化的商品不但可以增加视觉冲击力,还能让消费者出于协调性考虑购买同一系列的产品。就像我们日常生活中常常提到的床上"四件套",很少有人会单独购买床单或被套,一般都会为了整体的统一和协调而购买整套床上用品。

第三章 旅游商品开发概述

我们对旅游商品构成、组合以及对生态环境和文化进行分析,目的就在于更好地开发旅游商品。当然,旅游商品可大可小,大的可能是一个旅游区、一座旅游城,小的可能是一件普通的旅游纪念品。但是,不论旅游商品大小,开发时都需要进行一番思考,其中包括开发战略、开发策略,并且有一个开发过程。旅游商品开发已经形成了系统的理论体系,并经过多年的实践检验,人们在开发理论的指导下,结合时代发展的特点,可以设计出受消费者喜爱的旅游商品。本章主要对旅游商品开发进行概述,设计旅游商品开发基本知识介绍、旅游商品开发的方式与程序、旅游商品的创新、旅游景观及设施商品的创新开发。

第一节 旅游商品开发基本知识介绍

一、中国旅游商品问题产生的原因

(一)旅游商品经营者对旅游商品思想认识不到位

长久以来,中国旅游业的开发一直是重视在旅游景区的开发建设上,各个地区把大量的资金、人力和技术也都是投入到景区的建设上。后来随着旅游交通住宿等基础设施的短缺,又把资金和技术投入旅游交通、住宿等基础设施建设上。近几年来,随着人们对旅游业认识的完善和加深,人们对旅游购物有了一定程度的重视,但是旅游购物一直都是中国很多地区的短腿经济,旅游购物在旅游业中所起的作用也没有得到发挥。加之各级政府对旅游业新经济动态把握不准,以致做旅游规划时,忽视了旅游购物对整个行业创收和创汇的巨大影响,只把旅游购物当作很多地区可以增加旅游收入的一种手段,而没有把旅游购物作为旅游业开发的宝贵资源,加上中国旅游景区很多都是在比较边远的地区,由于那里人们思想认识不够,导致很多地区旅游购物的开发品位很低。①

(二)旅游经营者品牌意识淡薄

品牌意识是指在消费者记忆系统中品牌元素与产品类别等与购买决策有关信息的双向联系强度。品牌意识是由品牌再认和品牌再现共同作用而成的,可以通过深度和广度来描述。品牌意识的深度是指品牌出现在消费者脑海中的可能性和难易程度,与品牌被回忆起或是认出的可能性有关;品牌意识的广度指的是能引起品牌在消费者脑中出现的特定购买和使用情景的数目,与大脑中出现品牌这个概念的各种购买和消费的情形有关。品牌意识对品牌资产有多方面的贡献,它是品牌联想形成的基础,也影响着消费者的品牌态度,并且还影响到消费者的品牌选择、品牌购买,所以大量的事实和理论表明,品牌意识对旅游商品市场具有很大的影响,旅游商品的经营者可以通过提高品牌意识,采取开发和导入一套有效的品牌识别系统,增加旅游消费者体验品牌产品和服务的机会,采用更多更有效的广告宣传等手段。

但是长期以来,中国旅游商品经营者只重视旅游商品的短期效益,品牌意识淡薄,为了求得一时的经济效益,对旅游商品的包装、设计、质量等方面的要求也不够,很多旅游商品价格低廉,包装简陋,做工粗糙,从而也就使"品牌"二字无从谈及。而且,旅游商品新产品开发无力,加上旅游商品经营商品牌意识淡薄,知识产权意识不强,旅游商品开发者缺乏专利保护观念,致使真正有创意的纪念品或艺术品可以随便仿造,各个地区旅游商品的雷同现象比较严重,这也打击了旅游商品设计开发者的积极性。

(三)旅游购物市场信息不对称

旅游活动是一项跨地区、跨国度的旅游活动,多数旅游商品都是第一次到异地旅游,当然也是第一次接触旅游商品,尽管有些旅游者在旅游活动之前,通过各方面的信息对旅游地的旅游信息有了一定的了解,

---

① 蒋冰华.旅游商品开发研究[M].北京:新华出版社,2013.

但是,游客对所到旅游地相关的旅游商店和旅游商品信息的了解还是具有很大的不确定性,在旅游购物市场中旅游企业往往拥有比旅游者更多的信息,从而导致旅游购物市场的信息不对称。由于旅游购物市场信息不对称也使旅游购物者对旅游商品缺乏一定的信任感,影响了旅游商品市场的开发。

(四)旅行社以购物利润作为盈利来源

目前旅行社以旅游购物作为企业盈利的主要来源,旅行社和导游以利益作为给旅游购物商店输送客源的重要条件,而旅游商店在旅游购物吸引客源上常常处于劣势,所以,旅游商店为了保证自己的客源,不得不和旅行社联合,这样,旅游商店为了赢得经济利益就尽量压低商品的进价,抬高旅游商品的销售价,旅游商品市场上质价不符或假冒伪劣旅游商品到处可见,致使旅游消费者的利益受到了很大的影响,让旅游者对旅游购物市场望而生畏,导致旅游购物市场发展受阻,从而也影响了旅游业的整体形象和长期发展。

(五)旅游商品高层次研发人才缺乏

中国旅游业发展比较晚,旅游开发设计人才缺乏一直是制约中国旅游业发展的一大因素。而且由于长期以来,人们对旅游购物市场不够重视,我国旅游商品的开发设计的人才更加缺乏,使我国旅游商品产品设计单一、缺乏新意、产品设计开发没有系统化,导致中国旅游购物市场上的旅游商品一直都是大同小异,没有什么变化和起色。这些现象出现的一个原因就是从事旅游商品设计的专业设计人员、机构数量和力量等方面不足,使得业内设计创新能力有限。

在我国,旅游商品的设计者多数为工艺美术专业毕业,这些人员的学科背景相对单一,在设计旅游商品时往往从美学角度出发,并没有参考旅游、经济方面的要素,而且不同设计者之间的沟通与交流相对缺乏,导致所设计的商品仅仅是一种工艺品,并不具有纪念性、观赏性、知识性、收藏性等特点,因而不能满足旅游者的多样化需求。

二、旅游商品开发设计的原则

(一)创新性原则

游客在游览中,充满着对美好和新鲜事物追求的愿望,他们在购买商品时也有同样的心理。旅游商品生产企业应该抓住游客的这种心理,不断开发新商品,刺激游客产生新的购物要求,在区域历史文化积淀、民族风貌及旅游地景区特色三个方面挖掘旅游商品的地方文化特色,力求在"土、特、新、奇、精"和"忆"上做文章。旅游商品的开发种类应从旅游纪念品、旅游工艺品、旅游土特产品、旅游食品、旅游日用品五大系列展开:旅游纪念品要求体积小、便于携带、有纪念意义;旅游工艺品系列要求充分体现美学价值,陶冶人的情操;旅游土特产品系列要求充分利用传统农副土特产品,挖掘并提升传统产品,提高产品的档次和完善产品结构,使产品系统化,要重视产品的包装,既要精美能吸引游人,又要便捷,以利携带;旅游食品系列开发要突出地方特色;旅游日用品系列开发要求品种多样、方便购买、物美价廉。总之,旅游商品的创新性就是在旅游商品的开发设计中要设计创意新颖独特,技艺独创,品种新奇,开发设计出的旅游商品具有指导性、示范性和市场影响力,而且旅游商品的工艺要推陈出新,并与现代的高新技术有机结合。

(二)市场导向原则

市场导向要求旅游商品生产企业在开发设计旅游商品时应该和市场相结合,以市场为导向,也就是旅游商品生产企业要通过市场调查,分析、研究海外旅游者和国内旅游者对中国旅游商品的需求情况,了解旅游商品市场情况,预测旅游商品市场未来,分析旅游商品市场动态,并以市场需求作为编制旅游商品开发设计的基本出发点,及时调整旅游商品结构,对原有旅游商品进行改进、完善和提高,积极开发适宜海外旅游者和国内旅游者需求的旅游商品。在旅游商品的档次方面,旅游商品生产企业应做到低、中、高档次相结合,以满足不同层次与不同消费水平旅游者的需求。

(三)精包装原则

俗话说"人饰衣装,佛饰金装",这说明在社会生活中包装的重要性。从消费心理来看,顾客对某事物的"第一印象"是很重要的。"第一印象"又叫首因效应,是人第一次接触到某事物时对事物所形成的印象产生的一种心理倾向。顾客对某事物的好恶在很大程度上是由人的第一印象所决定的。而顾客对旅游商品形成深刻的"第一印象"主要是靠商品的包装,精美夺目的包装有引起游客兴趣,吸引游客注意力的作用。所以,旅游生产者应该设计包装模式,使旅游商品的内容和形式做到完美的结合。另外,商品外包装上通常应该标明名称、商标、品牌、产地等,并且将说明书放在内包装中。很多游客购买旅游商品主要是为了作为礼品赠送的,而这对包装的要求就更加高了。

(四)高品位原则

高品位原则即要提高旅游商品的技术含量与文化内涵。提高技术含量即是强化旅游商品的设计和制作工艺,力求创作新颖、制作精良;提高文化内涵即是充分利用文化资源的优势,体现区域旅游商品的文化内涵。

三、中国旅游商品的开发策略

(一)研制开发出有特色的旅游商品

我国悠久的历史文化和丰富的旅游资源是挖掘和开发旅游商品的重要基础。开发我们的旅游商品必须突出自己的文化和民族特色,在用材、造型、图案、色调、包装、风格等方面都要围绕自己的特色进行设计,并且以当地文化背景为依托,深深挖掘旅游商品的文化内涵,设计出独具特色的旅游商品,使旅游商品既具有艺术性、使用性和纪念性的特点,又突出了客源地的民族风格和地方特色,开发出符合旅游者需要的适销对路的旅游商品。如中国的一些红豆工艺品,由于唐代大诗人王维的名句:"红豆生南国,春来发几枝。愿君多采撷,此物最相思",给红豆旅游商品赋予了丰富的文化内涵。老年游客入手捻红豆旅游商品,沉洒于往事激情的回忆中;年轻游客购买红豆旅游商品是以红豆传情达意和相思之情;海外华人游客用以寄托思归的夙愿;外宾深谙红豆旅游商品不菲的文化价值,抢着去购买。

(二)积极开发新旅游商品

新商品可分为三类。

一类是经过改进的新旅游商品。这类旅游商品是通过改进现有产品的性能,提高现有旅游商品的质量,变换现有旅游商品的花样和包装等开发的新旅游商品。例如,茶水饮料就是对茶汤进行一定的工艺处理和适当的加工后所得到的液态产品。旅游者外出饮茶无须寻找开水冲泡,是一种具有潜力的旅游商品。

二类是换代旅游商品。这类旅游商品是在现有旅游商品的基础上,部分利用新的工艺而创造出来的,和原有商品相比具有新的用途,能满足时代的需要。如近年来世界不少国家和地区手表生产花样翻新。如日本生产出能反映时差的手表;瑞士生产出能按时间闹响和播放音乐的声控手表;英国生产出能呼救的手表;美国生产出能看气象的手表等,使旅游商品的市场生机勃勃。

三类是全新旅游商品。这类商品是利用新发明的技术而生产出来的旅游商品。具有"新、特、奇"的特点。

新旅游商品的研制和开发应该注意以下方面。

旅游商品的适用性。应该根据旅游活动的特殊性,针对游客的心理需要,开发精巧、适用的旅游商品。

旅游商品的多样性。旅游商品的花样多能激起游客的购买欲望,由于旅游需求的多样化要求一个旅游地要根据本地的旅游商品资源开发出品种多样的旅游商品。即使是一种类型的商品可以设计不同档次、花样,形成系列商品,满足不同层次旅游者的需要。

旅游商品的小型化和微型化。在旅游活动中,旅游者本来就带了很多的行李,所以有的时候旅游商品常常让游客觉得是一种负担,这样也就减免购买商品的数量。而小巧玲珑、装潢精美的旅游商品很是符合游客购买的心理。如国外研制的火柴式的收音机,手表式的电视机就很受旅游者的喜爱。

旅游商品的多功能化。功能多样便于旅游者在旅游活动中多方面的需要。如我国近年来设计的一种太阳能保温帐篷,用双层塑料薄膜粘合成一个"气袋",充气后膨胀成型,有床、桌和凳子等,简易、舒适、耐用、轻便等,成为旅游者旅游活动的佳品。

旅游商品的生态化。近年来,随着生态旅游的悄然兴起以及"保护生态环境""人与自然和谐发展"等意识的不断加强,身居豪华喧嚣都市的人开始返璞归真,崇尚自然,对各种绿色产品日渐青睐。旅游商品的发展也必须紧紧跟随这一潮流,顺应自然、社会及时代的发展规律,步入生态化进程。

(三)加大旅游商品开发人才培养的力度

1. 培养和提高旅游商品开发人才的民族文化素养

旅游商品具有文化性、纪念性和收藏性的功能,作为旅游商品的开发人员要想让旅游商品具有纪念性和收藏性的特点,就应该把本民族的文化和区域旅游商品融合在一起,文化是开发旅游商品的核心和灵魂,否则游客就失去了购买本旅游商品的意义和价值。但是把本地区的旅游商品是否和本民族的文化联系在一起,这和旅游商品开发人员的民族文化素养有着不可分割的联系。如果旅游商品开发人员缺乏民族文化素养,那么就谈不上在开发旅游商品资源的时候和民族文化结合在一起。如开发海南黎族旅游商品时,黎锦的花纹、图案是黎族妇女用夸张变形的几何图案、丰富的抽象艺术想象,表现其刀耕火种、男耕女织、狩猎捕鱼、喜庆丰收、节日庆典、婚丧嫁娶的情景和表现了黎族图腾崇拜、祖先崇拜及民间传说的内容,有着深刻的文化内涵和朴素的哲学思想。那么,作为黎族旅游商品的开发人员,要开发黎族的黎锦文化旅游商品时首先就应该熟知黎锦所隐藏的这些文化内涵。再如开发河南洛阳的旅游商品时,旅游商品的开发人员就必须熟知代表洛阳的民族文化,如佛教文化、牡丹文化等,开发安阳旅游商品时要熟知安阳的殷商文化等,这样才能把本地区的文化和旅游商品的开发联系在一起,增加旅游商品文化内涵和珍藏价值。

2. 培养旅游商品开发人员的品牌意识

培养品牌是各个地区都极力做也是首要做的一件事情,对各个地区旅游商品的开发都有着非凡的意义。打造各个地区旅游商品的品牌,要求旅游商品的开发人员首先要具有品牌意识。

作为旅游商品的开发者,开发旅游商品要耗费研发者大量的精力和财力,但目前很多地区由于品牌意识薄弱,对自己的旅游商品不知道如何保护,以致很多本来代表着自己特色的旅游商品一旦开发出来就很难逃脱被模仿和复制的厄运,致使自己努力开发和打造的旅游商品失去特色,失去市场,毁于一旦。想要改变这种现象,旅游开发者必须具备品牌意识,重视对自己品牌的各方面建设,谨防自己的旅游商品被假冒与复制,进而充分赢得市场份额。

3. 拓宽旅游商品开发人才视野,尤其具有国际视野的人才

中国旅游商品的开发不仅仅面向的是国内游客,更重要的是我们要把自己的旅游商品打出中国,走向国际,这就要求旅游商品开发人员要具有国际的眼光,具有国际化的视野,这也是目前很多国家在旅游人才培养上的一个重要课题。比如瑞士旅游教育其培养目标就是:"培养具有国际意识、能进入国际市场竞争,敢于挑战现代旅游业跨国发展的高素质人才";美国康乃尔大学的旅游教育目标是:"为全球培养 21 世纪款待业的领袖";日本大学的旅游教育也在不断朝向国际化、规范化的方向发展,以促使学生对国际社会的了解,增强国际旅游合作能力。因此,中国也要借鉴国外旅游教育成功人才的培养模式和教育模式,引进先进国家旅游教育培训机构先进的管理经验、培训理念、高素质的师资以及一流的课程体系、教材、教学方法,加快中国国际化旅游商品开发人才的培养步伐,培养出国际旅游事业需要的旅游商品人才。

4. 培养具有会展文化的旅游商品开发人才

随着会展业的发展,旅游商品会展业也得到了很大发展,目前,中国很多地方已经将会展业作为宣传和发展旅游商品业的一个亮点,其发展前景也是十分广阔的。目前,中国各级政府也在积极从政策、资金及服务等方面给予旅游商品会展很大的优惠,最大限度地以会展促进旅游商品的发展。比如我国海南省在国家的政策范围内,有关部门从工商、税收、价格、贷款等方面给予优惠和扶持,在海口已经连续成功举办几届旅游商品交易会,推动了海南旅游商品的发展,推动了海南旅游商品人才队伍的建设。因此,作为旅游商品的开发人员具有和掌握一定的会展文化是必要的,这样才能把旅游商品开发和会展业的发展有机地结合起来,以会展促进旅游商品开发和发展,又通过旅游商品的发展来促进会展业更大的发展,开发出针对性的旅游商品来。

5.培养具有文化营销意识的旅游商品开发人才

优秀的旅游商品具备文化功能,旅游商品是文化的重要载体。作为旅游商品开发人才要想把地方文化和旅游商品有机结合,就要培养具有文化营销意识的旅游商品开发人才。这样开发出来的旅游商品才能充分展现出自己特性,展现出具有地方特色文化的魅力,让商品的纪念性、收藏性表现得自然流畅,引发购买者的购买兴趣和购买欲望,才能从旅游商品外形、内涵上下功夫,充分展示旅游商品的文化内涵,提升了旅游商品的文化品位,为旅游商品增添了文化的魅力,使旅游商品真正成为人们现代生活的一个非常重要的组成部分,成为一种文化生活时尚,为旅游商品的发展开辟了新的发展空间,为旅游商品生产和销售市场的发展带来新的动力。

（四）明确旅游商品的市场定位

旅游商品的开发要想有市场、有游客,旅游商品生产者就必须了解开发的旅游商品适合什么样的目标群体,开发出适合自己目标群体的旅游商品来。明确不同旅游商品的市场定位首先就是要根据市场细分化法对旅游市场进行细分,然后给旅游商品进行市场定位。旅游市场划分的依据主要有以下几点,如表 3-1 所示。

表 3-1　旅游市场细分的划分标准

划分依据	细分变数
地理因素	地区、城市或标准都市统计区大小、人口密度、气候
人文统计因素	年龄、性别、家庭人数、家庭生命周期、收入、职业、教育程度、宗教信仰、社会阶层、种族、国籍
心理变量	生活方式：传统型、新潮型、简朴型、奢侈型、潇洒型、高雅型。 性格：内向型、外向型
行为变量	购买动机：观光、商务、会议、文化民俗、度假、其他 购买数量：团体、散客 偏好程度：极度偏好、中等程度偏好、摆动偏好、无偏好 购买时间：旅游淡季、旅游旺季 购买次数：一次购买、重复购买 购买行为特征：理智型、冲动型、积极型、猎奇型、享受型

第三章　旅游商品开发概述

第二节　旅游商品开发的属性与流程

旅游商品开发十分简单明了,即明确发展什么商品,限制什么商品和禁止什么商品。这里面有一个民族尊严和子孙后代利益的大问题,不能为眼前的利益而伤害尊严和遗害子孙。从大的方面讲,国家和国家级的管理机构以法律或法规的形式正式规定,什么要大发展,什么限制发展,什么禁止发展。而旅游企业必须遵照执行。各旅游企业必须照办,不可打"擦边球"。从小的规范讲,具体到每一个旅游企业,也应当有自己的开发战略,根据不同的需求,也应明确发展什么商品,限制什么商品和禁止什么商品。有了开发战略,就有了行动的大方向。另外,开发还应当包括旅游开发商品要达到的最高目标,并以简洁的语言概括表达出来。这一点,具体到每一个旅游企业更应关注。[①]

一、文化旅游商品属性和开发流程

文化旅游商品是宣传特定地区,让游客回忆和纪念的旅游形象商品,是代表特殊时期经验的自我实现手段,也是切实实现旅游地访问的证据,通过旅游获得的特殊经验。这种文化旅游商品是特定地区或城市及国家拥有的文化要素的总和,集合了旅游地的自然、历史、文化要素,是具有固有象征性和地域性的代表性文化商品,而非单纯的商品宣传。这种文化旅游商品作为旅游纪念品,需要具备一定的条件,Littrell(1993)通过游客调查,将文化旅游商品的属性定位为独特性、创造性、匠人精神、历史性和文化性、审美性。此外,高宗元(2001)认为,文化旅游商品作为一个地区或一个国家可以向另一个地区或国家的人民宣传的那个地区特有的商品,应具有特征,具有实用性、低廉性、可用于运输的特性。此外,柳智允(1996年)、尹尚宪(1998年)、朴俊五(1999年)、金敏英(2007年)等也定义为具有相似属性,对此,研究者以多个研究者为基础,先整理如下。

第一,文化旅游商品要有"象征性"。在文化旅游商品中,象征意

---

① 吴广孝等.旅游商品开发实务[M].上海:复旦大学出版社,2000.

与固有性相近，通过特定旅游区的象征，可以解释为是当地独有的独特性，它蕴含着其他旅游区难以找到的多种要素，因此也蕴含着差别性。文化旅游商品可以成为回忆旅游回忆的象征，成为文化旅游商品区别于一般商品的根据。

第二，文化旅游商品要有"文化性"。在文化旅游商品中，文化性不再是单纯的个人喜好性物品，而是通过旅行，成为具有该地区独特文化意义的纪念商品，成为让人想起访问地区文化的象征。这种文化性包含着该地区的历史意义，不是一般的商品，而是作为文化旅游商品加以区分的依据。

第三，文化旅游商品要有"喜好性"。如今，随着国际化时代的到来，旅游模式发生了很大变化，不同国家、不同性别、不同年龄、不同学历、不同收入群体等不同的游客特点，应该能够满足不同游客的不同喜好。这可能只是游客个人的符号，也可能因访问目的的不同而有所改变，因此要考虑根据相应的时代变化而进行流行设计开发。

第四，文化旅游商品要有"审美性"。这就意味着文化旅游商品不仅要对游客产生兴趣、刺激、幽默等心理效果，而且要具有艺术审美性，能够诱发购买的设计水平。现在的消费者审美水平和过去不同，提高了很多，为了引导消费者购买，最终必须设计出符合消费者要求的设计。

第五，文化旅游商品要有"经济性"。经济性是文化旅游商品价格的合理性，要形成对购买者购买商品的价值不被认为贵的价位。另外，生产者必须具备廉价供应优质商品的体系，并提供引导购买的信息和服务。

第六，文化旅游商品要有"运输容易性"。文化旅游商品虽然视觉上美丽，但如果是容易破损的商品或包装，游客就不会轻易购买。包装应符合包装设计所应具备的基本目的，包括内容物的保护，质量是否可保存，包装是否稳定，内容物标识说明是否适当等，并具有良好的功能，以方便运输。

除此之外，文化旅游商品的属性可以称得上是"多样性"，今天消费者的生活方式不分东西方、国际化、普遍化，消费者购买质量更好的商品的倾向占主导地位，如大型和中小型，另一种文化旅游商品的属性是"实用性"。一般来说，实用性是指坚固性或功能性，用途明确，坚固，不易损坏。如果购买一次的文化旅游商品容易损坏或不能使用，不仅其商品，其对旅游地的形象也会受损。因此，文化旅游商品不能只美观，更要品质优良,实用性强。

总之,文化旅游商品是指文化因素被积压,创造经济附加价值的有形、无形的财物及服务,是地区、城市及国家固有的精神,以文化遗产为基础,体现认同感和创意,要同时创造经济利润和文化价值,这样的文化旅游商品为了具有经济利润和文化价值,需要各种属性中的象征性、文化性、喜好性、审美性、经济性、运输容易性等代表性属性,这些属性就是文化旅游商品的设计属性。

表3-2 文化旅游商品的设计属性

象征性	旅游地象征或可解释为旅游地独特性的属性
文化性	反映旅游目的地文化或历史的元素
喜好性	满足各种游客喜好需求的因素
审美性	设计与材料及艺术要素
经济性	考虑游客总旅行费用的适当价格
运输容易性	旅游特性上考虑出行和保管的因素

来源:首尔设计财团(2015),旅游文化纪念品的实态分析和活性化战略研究(报告书),研究者再整理

在开发文化旅游商品方面,为了达成解决某一问题的目标,需要按照一定顺序设计。设计利用了多种信息,综合了这些信息,形成了一个连贯的想法,蕴含了实体化高度组织化的精神过程,这种精神过程被称为"问题解决过程"。文化旅游商品将在经过设计过程和设计展开过程后上市,文化旅游纪念品的设计过程也将经历与一般产品设计过程相似的过程。这种文化旅游商品的设计考虑地域性、文化传统性及作为纪念品或装饰品的适当功能、使用和运输的便利性、纪念品本身的审美性等因素设计生产,消费者对创造出来的文化旅游商品的设计按照自己的标准进行价值评价。

在文化旅游商品的设计构想阶段,综合考虑旅游消费者对产品的评价态度和购买模式,以及文化旅游商品的特性、材料、功能性等多种因素,进行设计构想和设计。另外,这种设计的构想不仅要考虑文化传统性要素、功能性要素、经济性要素,还要考虑制作者要素和消费者要素等,谋求商品的内在价值和外在价值的上升和融合。构思阶段结束后,作为下一个阶段的设计设定,设计构想和设计设定阶段大致可以表现为

设计师考虑设计要素,体现文化旅游商品的设计。在此过程中,文化旅游商品的设计师们确定设计的基础概念,并以此为基础实现或实现设计。

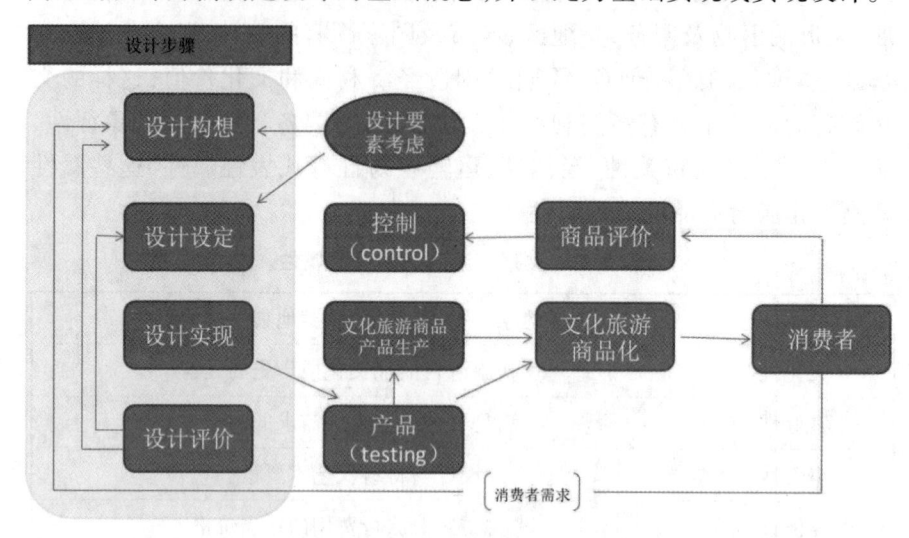

```
设计步骤
┌─────────────────────────────────────────────┐
│  设计构想 ← 设计要素考虑                      │
│  设计设定   控制(control) ← 商品评价          │
│  设计实现   文化旅游商品产品生产 → 文化旅游商品化 → 消费者 │
│  设计评价   产品(testing)                     │
└─────────────────────────────────────────────┘
                         消费者需求
```

图 3-1　设计展开的过程

像这样,文化旅游商品在从设计构想的阶段到越过各个阶段之前,必然会对设计的构想和概念等进行评价。文化旅游商品的设计评价方法大致分为事前评价、过程评价、事后评价三个阶段。

事前评价是在文化旅游商品的设计过程中进行的评价,是为了寻找最佳设计方案并有效分配资源而进行的评价,过程评价是文化旅游商品的设计执行过程评价,事后评价是在文化旅游商品的设计结束后进行的评价。

如果看到文化旅游商品的设计开发阶段流程,就会优先选择设计要素。这是为了最大限度地反映文化旅游商品的特性,考虑哪些设计要素的观点非常重要。但是文化旅游商品的整体设计开发流程与一般产品设计开发流程相似,但考虑到地区特点,存在一些差异。

像一般产品的设计展开过程一样,文化旅游商品的设计展开过程中也会采用多种评价和设计要素决定阶段等,从而实现开发最佳设计的努力和设计采纳的过程,如果将文化旅游商品的设计开发过程模型进行图表化,则如图 3-2 所示。

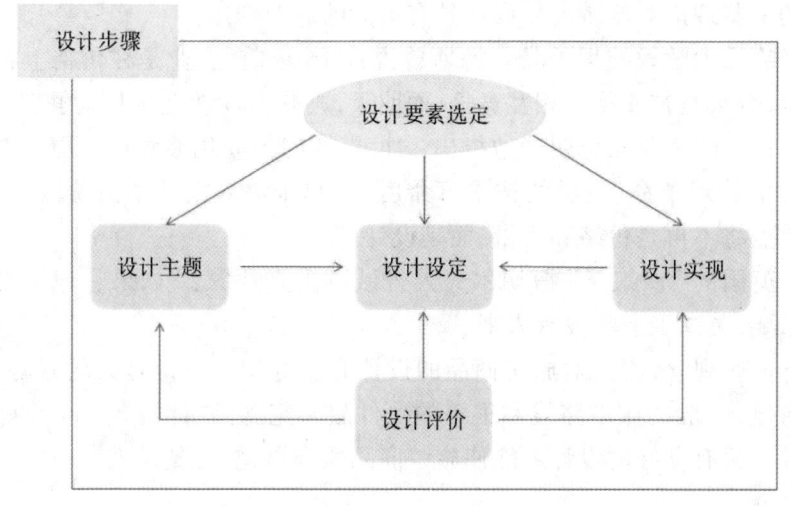

图 3-2　文化旅游商品的设计展开模型

二、旅游商品开发的方式

（一）旅游商品开发和科技

21世纪是一个科学的和技术的世纪，在这个世纪中，我们应当尽可能使旅游商品与现代化科技结合，使我们的商品有新意。关于这一点的重要性，看一下科技馆、太空馆、太空城、水族馆等游乐项目就可明白。即使我们只想开发一种小小的纪念品，也应当考虑到现代科技的含量，这是不言而喻的。

（二）旅游商品开发和设计

设计是旅游商品开发的核心工作。优秀的设计决定商品的品格。所谓设计，是将科学技术、文化艺术等知识交叉综合运用的创造活动。注重旅游商品的设计是旅游业发展的必然产物，特别是旅游消费市场需求发展到一定阶段的必然产物。设计将以旅游心理、消费需求和时尚潮流为依据，从满足旅游市场为目标，充分利用现有的环境和资源，提出构思，使旅游商品特色鲜明，具有个性和魅力，在众多的旅游商品中独树一帜。

旅游商品设计与工业商品设计有许多相似之处，特别是工业商品设计的一些理论对旅游商品设计具有重大的启迪作用。

哈佛大学教授罗伯特·海斯曾说:"15年前,企业是在价格上相互竞争,今天是在质量上相互竞争,而明天,则是在设计上相互竞争。"

日本的企业家也明确地指出:"世界性的工业化浪潮在经历了本世纪初的管理革命、战后的技术革命后,已起步进入设计革命阶段,竞争的焦点将不再是价格和质量,而是设计。"

英国的"铁娘子"撒切尔夫人告诫英国企业家:"如果忘记了设计的重要,英国工业将没有未来。"

这些观念,无疑对旅游商品的设计完全好用!不论是大的旅游区、旅游城,一般的旅游路线和很小的一件旅游纪念品,都需要一个良好的设计。只有良好的设计才能使旅游商品风姿卓越,楚楚动人。

(三)旅游商品开发总体设计文本

旅游商品开发总体设计文本,也可以称作《设计方案》《规划设计》《设计大纲》《总策划》《建议书》《投标书》等,但内容是调查研究和科学、艺术创作的成果,以及根据这些成果产生的设计构思和设计方案。

一般情况下,旅游商品开发总体设计文本应包括下列内容。

基本情况
- 自然地理
- 历史沿革
- 社会经济
- 旅游现况

资源评价
- 资源类型
- 资源评价
- 开发条件评价

总体设计依据和原则
- 依据
- 原则
- 期限与目标

总体布局

市场分析和预测

旅游商品组合设计

・游览区设计

・休憩区设计

・娱乐区设计

・饮食区设计

・购物区设计

・交通组合设计(停车场、车站、园内交通……)

・游览路线设计

环保工程

・指导思想和保护原则

・环境卫生法规、制度

・公厕工程

・垃圾管理

・生态资源保护

・景观保护

服务设施规划

・现况

・可视性服务工程

・非可视性服务建设(管理体系、人才培养系统……)

基础设施工程建设

・交通道路设计

・给排水工程设计

・供电、供热工程设计

・通讯工程设计

・燃气、照明工程设计

投资概算(略)

效益分析

・经济效益

・生态环境效益

・社会效益

以上几点仅仅是一个纲目,根据不同的商品,还可以增加或减少项目。例如,一个大的旅游城肯定要增加许多项目,特别要增加后勤供应系统等设计。如果只开发一个小旅游纪念品,当然要省去很多项目。

根据惯例,除了正式的总体设计文本之外,还有若干附录和说明书,补充总体设计的不足,或对专门问题进行论述。以上的内容不是一成不变的,可根据实际情况增减项目。

(四)旅游商品开发三十六计

旅游商品开发三十六计,是仿效兵书上的三十六计,总结开发旅游商品的计策,这样做无非是以通俗易懂的方式,介绍一些经验。这些计谋或计策,适用于大旅游商品的开发,也适用于旅游商品,甚至一件小旅游纪念品的开发,关键是如何运用。

我们讲三十六计,其实,可能还有三十七、三十八计,只要肯动脑,旅游商品的开发的办法多得很。

连环计

旅游商品之间的关系十分密切,一环扣一环。通过开发一种旅游商品,带动另一种或两种商品的开发。这种连环开发方式是经常用的。例如,日本开发出"森林之屋",与此同时,开发出荷兰屋和野生动物园。这三个旅游景点可以独立成为旅游商品,也可以组成一个更有吸引力的旅游商品。

冷门计

世界上许多事物常常被人们忽略。当然,旅游界人士应当有心计,去寻找被人们忽略的事物,在"冷门"上下功夫。以北京的小胡同为例,这是人们司空见惯的小事。同样,北京的三轮车也是人们司空见惯的小事,甚至有自生自灭的趋势。可是,经旅游部门的努力,经过组织、规划和培训,人员和车辆焕然一新,推出坐三轮车逛北京胡同之旅,爆出个大"冷门",小胡同和三轮车立刻身价百倍!

专业计

世界上有三百六十行,也就是说,人们都有自己的专业,人们又都有自己的爱好。如果我们能够为这些专业人员穿针引线,与异地异域的同行进行交流,我们就能开发出旅游商品。世界上"会议旅游"发达,就是专业计的成功。此外,"特种旅游""专项旅游"也具有"专业"性质,专业计运用好,自然能开发出优秀的旅游商品。

缺点计

任何事物,总会有不足的地方。旅游商品也不例外,如果能够巧妙地利用物极必反的哲学思辨,故意夸大缺点,以此达到"创新"的目的,也不失为一个好办法。

改名计

改名计,主要指改换旅游商品的名称和外包装。大家都清楚,旅游商品的组合大同小异,无大变化,只需要根据季节和环境的变化,为商品改名和改换包装。同样是寒山寺,但根据季节的不同,可以演绎出秋天赏月闻钟声,或新年撞钟等旅游商品。

堵漏计

旅游商品存在不足最自然不过了。问题是如何根据消费者的反映和自己发现,及时把"漏洞"堵上。堵上漏洞,即是对旅游商品的完善和改造,就可能开发出一种新的旅游商品。

需要计

需要是产生旅游商品的最根本的原因。如能发现"需要",自然就能设计出新的旅游商品。但是,如何发现需求,却需要真功夫。另外,有时能发现新的需要,可是却很难满足需求,这种尴尬的事也是常发生的。

好奇计

好奇之心人人皆有。顺着满足人的好奇心的思路开发旅游商品,成功的希望很大。例如,多年来,人们对水怪、不明飞行物等怀着极大的好奇心。英国正是看准了这一点,开发出"尼斯湖水怪之旅。"他们建公路、修宾馆、大量生产旅游纪念品等。真是把"水怪"炒得火热,满足游人的好奇心。这个旅游商品,给英国当地带来了极大的好处,仅游客一项即有50万人!加拿大也出现"水怪"的消息,并给水怪起了名——奥姬,拍了一部很生动的电影,大张旗鼓进行宣传。如何对待"好奇心",我们中国人常常有一种思想障碍,觉得不可思议。我们应当像英国人和加拿大人那样,设计和开发自己的"天池水怪"!把科学问题留给科学家去研究。对旅游界人士来说,不懂得满足人的好奇心怎么能搞旅游!满足人们的好奇心是开发旅游商品的一大法宝。

配套计

旅游商品,不论是大是小,如能成为系列,相互配套,总会给人一种强烈的印象。以出版介绍旅游商品的导游小册子为例,如果同时推出一个系列,配套成龙,肯定在市场上有反响。又如,以生产小旅游纪念品——吉祥物为例,如果配套,同时推出一组,不同的动作,不同的表情,必然受到欢迎。京戏脸谱、十二生肖、唐僧取经等旅游纪念品,成套才有吸引力。

再生计

旅游商品的再生,主要指过去曾经经营过的,停顿若干时间后,经过时间的洗礼,又经过补充和修改设计,重新上市。这种商品"复活"可称为"再生"。

环保计

环保计很有影响力,特别是在当代,人们开始对环保事业十分关心。对与环保有关系的旅游商品也很感兴趣。同时,人们很向往大自然,希望到大自然中去。这样,"回归自然之旅""观鸟之旅""乡村田间之旅"应运而生。

时尚计

赶时髦,追求时尚,广大青年有此倾向,其他年龄的人也有此倾向,因为谁也不愿意做一个落伍者。所谓时尚即是一种趋势。大势所趋,起码人人关注。时尚有衣、食、住、行,甚至时尚也包括政治。

逆反计

逆反心理人人皆有,有时,正是这种心理暗暗地左右市场的消费行为。例如,美国有"服务最差的餐厅",生意倒是十分兴隆,即可说明问题。

创造计

创造是引导消费的巨大动力。用创造赢得旅游市场的事例很多。最为典型的是迪士尼乐园。迪士尼乐园是一个人为创造的童话世界,是幻想的产物,它创造了需求,引导了消费。善于创造,是真正的大本事。

惬意计

以使人感到舒服为设计的出发点,开动脑筋想点子,开发旅游商品。例如,登山是苦事,为了使人登山"惬意",建了缆车,增加了风光点,又有很大的经济效益。又如,在风光秀丽的海滩,建设设施服务都是一流的度假村,开展"新婚蜜月之旅"等。

外行计

开发旅游商品往往需要打破常规。许多专家身在庐山之中,有时头脑中的框框较多,反而看不清事物的本质,难以打破常规。这时,利用一下胆大包天的外行,请他们放一阵炮,是可行的,也可能歪打正着。事实上,有一些点子正是"外行"提出的。

直观计

根据现存的条件和消费现象,直观思维,将旅游商品纵横延引,很可能有新的思路。起码可以找到进一步完善现有旅游商品的办法。

反观计

反其道而行之。这是一种违反常规、反常的做法。在旅游行业中,这种反观计也是可以利用的。例如,人们一般都要求休憩舒适,可是活受罪的"囚徒之旅""原始求生之旅"也是有人要求参加的!这些旅游商品正是用反观计,求异求特设计的结晶。

聚优计

"去粗存精""优势互补",集诸多优点于一身的开发方式,可以称之为"聚优计"。例如,"皇帝之旅"就是把各种组合中最"优"的部分聚合起来,使其真正豪华气派。

发散计

由一点想到多点,由一处思考到多处,用这种"发散"方式,开发旅游商品。下面,以柏林墙之旅为例,简单分析一下。柏林墙作为冷战的产物,德国统一之后,其完成历史使命。本来是无用的东西,在聪明的旅游人士手中,都成了珍宝。小块的墙体成了珍贵的纪念品,大块的留在原地,废墟成了参观点,有的还被大博物馆收藏。旅游相关人士顺势而为,利用一定的包装策略,推出了"柏林墙之旅",在出版人士的帮助下,很多相关的书籍、画册被推上市场销售,从而扩大了柏林墙的影响范围,受到了更多人的关注。

保健计

强调生活水平和健康是我们当代人的追求。利用这种趋势,强调保健,开发旅游商品,例如,减肥之旅、药膳之旅、太极拳之旅、气功之旅……

差异计

指对市场侧重分析、研究,寻找旅游市场中的差异。例如,消费水平、生活方式、文化程度、习俗、爱好、年龄、信仰等的差异,根据差异开发和设计旅游商品。

大众计

不能简单地将之理解为在"价格"上下功夫的理论。所谓大众并不意味着"低档",当然,首先需要的是大众的价格,使大众能够接受。

名望计

利用由于历史形成的地区或人物的名望,是开发旅游商品的好办法。这样的事例极多,旅游者经常是"慕名而来"。

跟随计

小的旅游企业很难用巨大的投入开发旅游商品。但可以利用"跟随之计",紧紧跟随大企业,推出相似的旅游商品。

迷你计

所谓迷你指小巧,我们可以把大型的旅游商品化成小型的,把综合的化成单体的,只突出一个商品的特点,或一个侧面,使其独立起来。顺着这种思路,我们可以把北京之旅"迷你"化成"北京博物馆之旅""北京民间习俗之旅"等。甚至,还可以把"北京博物馆之旅""迷你"化成"艺术博物馆之旅",专门游览艺术博物馆。如果需要,还可以迷你下去,变成专项艺术博物馆的考察之旅等。

膨胀计

有了"迷你"必然有"膨胀"。我们利用"以小见大",变小为大,开发旅游商品。还以博物馆之旅为例。我们可以把北京一地的艺术博物馆与全国同类的博物馆串起来,自然就"膨胀"成一个新商品,如果再"膨胀"一下,与世界上同类的博物馆联系在一起,即肯定又是一个新商品。又如,潍坊从小小的风筝"膨胀"出一个风筝节。天津从杨柳青年画,"膨胀"出天津杨柳青艺术节等。

怪缺计

怪缺,主要指在一定时间内世界上比较稀少又有点奇怪的事物。如果真正正视"怪缺"的存在,并且正视市场上对"怪缺"的需求,就可能开发出旅游新商品。世界上有一些人喜爱蒸汽机车。人不多,但很有实力。蒸汽机车越来越少,这都是现实。

仿古计

怀旧思古,是人类的一种感情。尽管人类社会已经进入宇宙飞船的时代,但怀旧的思潮时有发生。所谓"仿古",首先要有一个正确的理解。对现成的"古"要珍视,不能破坏了"真古董",去仿制"假古董",这一点必须头脑清醒。另外,有时甚至只有几十年或近百年历史的东西,如有轨电车、三轮车、近代有特色的洋车、人力车等,都是"古",应当珍视和利用。另外,仿古不一定是越古越好。对旅游者来讲,参与性更重要,有趣才最好。如"三国城""水浒城""孔子文化节"等,都是相当成功的例子。

出奇计

出奇制胜,是古代"战法",对今天开发旅游商品同样有用。所谓"出奇"就是超乎平常人的想象,不按常规办案。人称"鬼点子",多半是"出奇"的想法。攀登摩天楼,一般人都利用电梯。但旅游界人士却想出徒步攀摩天楼大赛!登长城,一般都是面向前,如果搞一次倒退登长城大赛,不一定就没人参加。

"一次性"计

理解和把握世界上"一次性"的事物或事件,为我利用,设计和推出旅游商品。这种计谋,需要更广博的知识和技巧,同时,要有更多的准备,要避免一哄而上。当然,所谓"一次性"事物,也不能绝对,可能还有第二次、第三次,只是时间差比较大而已。例如,观测哈雷彗星之旅,观测日全食之旅,可以算一次性的大活动。

换功计

改变旅游商品的一些功能,使商品显出新的特色。例如,药膳只是强调营养和保健,有延年益寿的功效。如果把药膳延年益寿的功能换成减肥的功能,推出"减肥之旅",不是变成了新的旅游商品了吗?改换功能是推陈出新的好办法。

组合计

任何一项旅游商品都是由许多组合构成。这如同用积木搭起的一个美丽的造型。我们可以把各种组合拆开,再重新组合,自然可以得到新的旅游商品。

换型计

改变旅游商品的外形,重新设计商品的外形。这种开发旅游商品的办法,对旅游纪念品厂家和旅游用品厂家非常有用。

回归自然法

回归自然是现代人的一种心态。利用这种心态开发旅游商品容易成功。这种计策与环保计类似,但更直接提出回归自然,具有更大的吸引力。享受自然的清新纯朴是很有潜力的市场,不可掉以轻心。

撤退计

新的旅游商品上市,没有马上被市场理解和接受,如果遇到这种情况,应当毫不犹豫地"撤退"。把新商品"隐藏"起来,待时机成熟时,再上市。

三、旅游商品开发的程序

（一）旅游商品开发的过程

所谓旅游商品的开发，实际上是发现、理解和认识潜在旅游资源的一个过程，同时也是进一步挖掘、丰富和完善潜在资源的过程，正是通过这一过程，使潜在的资源变成资源优势，并通过策略运作，使资源优势变成商品。概括地讲，开发过程是一个"挖宝"过程。大体上有以下三个方面。

（1）认识过程。认识过程主要指思维方式和对客观世界的理解。这个过程贯彻资源开发的始终，非常关键。有了正确认识，才能寻找到最佳主题、独树一帜的好点子和抓住旅游资源开发之魂，设计和规划才能有良好的思想基础。这一过程，需要的是聪明的头脑、独立的见解。一双慧眼发现新时尚的萌芽和历史沉积物中的宝石，更需要敢于联想的胆识和实事求是的调查研究。只有对现象展开全面调查与分析，把握现象的本质，才能在遵循规律的基础上做出最佳的决策。

（2）实施过程。实施过程，除了大量的投资之外，更需要科学态度。其中最为重要的是根据决策完成规划和设计，并逐步实施，完成建设和制作任务。

（3）营销过程。营销过程是把资源变成商品的关键。从决策之日起，营销过程即应开始。这一过程在资源转化成商品之后，显得更为重要。

以上三个过程息息相关。只是在不同时期存在着不同的重点。

总之，旅游商品开发，是一组综合性很强的系统工程，是一个正确认识、正确对待和正确利用潜在资源的全过程。

（二）旅游商品开发的决策

开发决策的过程确实有"灵机一动，计上心来"的天才现象。但不论多么"天才"的"灵机"总是有基础的。那就是人对历史、现实和未来的理解和把握。具体的办法，也是唯一的办法，就是通过各种途径进行科学的调查和研究。

这种调查和研究起码应包括以下几个方面。

第三章　旅游商品开发概述

生态和自然的环境：
- 一般情况
- 司空见惯的现象往往是在当地最普遍最多见又不被重视的一种现象。这种现象常常成为域外旅游者最关注和感兴趣的事物
- 寻找最大的特色和著名的物品如名花、名兽、名石……
- 充分发挥特色的可能性
- 优势和特色的确定

人文和历史环境：
- 一般情况
- 寻找名人及与名人有关的名诗、名画、名传说……
- 寻找特色文化
- 充分发挥名人和文化的可能性
- 优势和特色的确定

人类生存环境和文化素质：
- 一般情况
- 文化素质
- 风俗习惯,风土人情
- 周边经济环境
- 周边城镇人口
- 周边城镇交通
- 周边经济资源
- 周边经济发展趋势

时尚和发展趋势：
- 消费观念和动向
- 饮食结构
- 穿着习惯
- 休息方式
- 对未来和科技进步的态度

只有比较正确地把握以上几点情况,旅游企业才好下决心并规划一个旅游项目,否则,只能是"撞大运"。上面我们提到的几个方面,在

调查的过程中,要充分利用统计学的手段,要掌握数和量,要进行数据分析,而不能凭感觉。有时感觉带有主观性和感情色彩,容易把事情弄错。

第三节 旅游商品的创新

改革开放至今,旅游业已成为我国国民经济发展的重要产业,我国现已成为世界旅游大国,并在逐渐向世界旅游强国迈进。据世界旅游组织第十二次代表大会市场调研分析:2020年全世界十大旅游目的地排行,中国将排在第一位,十大客源国位居第四位,排在德、日、美之后。尽管如此,中国旅游业目前的发展水平与世界旅游强国还有很大差距。2001年,中国正式加入世贸组织后,我国旅游业正面临融入全球经济一体浪潮的冲击,可谓机遇和挑战并存,竞争会更加激烈。

一、旅游商品创新的原则

(一)特色性原则

具有独一无二的特色是旅游商品生命力保持旺盛的源泉。在创新过程中突出旅游商品地方特色,有意识地保存和增强这些特色具有重要的意义。

(二)艺术性和文化性结合原则

旅游者购买旅游商品实行旅游消费活动并非出于对物质消费的需求,更多的是对精神文化的需求,因此对于消费对象的内涵更多地追求艺术性和文化性。旅游商品创新基于文化底蕴,立于艺术氛围是旅游商品吸引力持久的关键。

(三)环境保护原则

环境保护是举世关注的热点问题,涉及每个地球人的切身利益。在旅游产业"无烟经济"的虚有光环消失后,人们对于旅游经济活动的环

第三章 旅游商品开发概述

境破坏影响令人闻之变色。旅游商品创新只有尽可能减少环境破坏,甚至重建或改善生态环境,才能得到旅游者及公众的认可,顺利进行市场交换。

（四）标准化原则

旅游商品的质量管理要求在一定的标准下进行,才能保证旅游商品对于旅游者使用价值的真实实现。符合相应的标准进行旅游商品创新,才能达到社会公认的使用价值量,甚至致力于高于这个量进行创新,商品进入社会得到认可的机会才能出现,旅游产业的经济效益才能实现。

二、旅游商品创新的模式

（一）市场导向型模式

指以市场为导向,依据调查分析得出的旅游者消费需求变化和市场趋向特点进行旅游商品创新。市场需求是商品生存和发展的起点及归宿,以此为导向进行旅游商品创新才能做到因力趋势,保证资源的合理分配和高效利用。

（二）科技推动型模式

科技是一切经济活动的力量源泉,同样也为旅游商品的创新提供力量支持,例如信息技术的发展催生的旅游电子商务极大地加速了旅游业的发展。依据科技发展变化进行相关旅游商品创新容易体现独有特色,形成垄断优势。[1]

（三）新市场开拓模式

随着经济全球化的进程加速及信息技术的飞跃,旅游者的需求呈现出日益个性化和复杂化趋势,众多新的旅游市场方向不断涌现,需要旅游市场创新旅游商品进行填补。分析市场需求变化,寻找新的市场方向是旅游业发展的必然趋势。

---

[1] 辛建荣,路科,魏丽英.旅游商品概论[M].哈尔滨:哈尔滨工程大学出版社,2012.

第四节　旅游景观及设施商品的创新开发

一、旅游景观商品的概念

旅游景观商品,是指旅游经营商以其开发的自然旅游景观、社会人文旅游景观或人造旅游景观为基础,组织、策划、提供相应服务等为销售对象,暂时出卖观赏权、体验权和享受权但不出卖所有权给旅游者的一种旅游商品形态。因为它是以出卖为目的并具有观赏价值和使用价值的有形实体和无形劳务,所以是一种商品。

旅游景观商品是不出卖所有权的非物质商品。旅游景观,是旅游者旅行游览的首要目标,旅游者外出游行游览的目的就是对景观的观赏、体验和享受。所以旅游者需要购买的只是景观的观赏权、体验权和享受权,而不是所有权。而商品的经营商,也只是为了暂时出卖景观的游览、观赏权,而不是所有权。[①]

旅游景观具有供人们观赏、游览、享受的使用价值,旅游景观商品注入了人类无差别的必要劳动,又具有价值。这一点与一般的物质商品所具有的价值、使用价值没有什么两样。旅游景观商品因为不出卖所有权,所以不属于出卖所有权的物质商品。

旅游景观商品是旅游者旅游的基础商品。旅游者外出旅游的根本目的,是为了追求对景观的游览、观赏、体验和享受的满足。旅游者在其购买的所有旅游商品中,只有同时通过购买旅游景观商品才能得到满足。如,购买观光旅游商品、商务旅游商品、民俗旅游商品等,都要以旅游景观商品为基础,所以旅游景观商品是旅游者旅游的基础商品。

---

① 刘敦荣等.旅游商品学概论[M].北京:首都经济贸易大学出版社,2013.

二、旅游景观商品开发

(一)旅游景观商品开发的概念和类型

1. 旅游景观商品开发的概念

旅游景观商品开发,是指旅游地政府或旅游开发商依据当地旅游资源的特色、区位条件和社会经济、文化背景,以市场需求为导向,进行景观的规划、设计、营造、宣传和促销的做法和过程。

旅游景观商品开发,也是指开发新的旅游景观商品,或对传统旅游景观商品进行改造,或对现有旅游景观商品进行新的组合设计的做法和过程。

2. 旅游景观商品开发的类型

旅游景观商品开发包括下述三种类型。

传统旅游景观商品的开发。传统旅游景观商品的开发,是指对传统的自然景观、文物古迹、民族风情和都市风貌等游览观光旅游商品进一步充实和完善的做法和过程。随着旅游的日益普及与旅游者旅游的理性化,传统的观光旅游商品已难以满足市场需求,一些传统的景区、景点就需要完善、改造和充实。例如,对国家级、省级风景名胜区以及世界遗产中的传统旅游景观商品进行改造,赋予这些商品新的面貌、品位,展现新的形象,从而焕发新的生机与活力。

新旅游景观商品的开发。新的旅游景观商品的开发,是指在旅游地推出或组建从未有过的旅游景观商品,以弥补旅游地景观的空白或不足。如,开发人造景观、主题公园、水族馆及人工野生动物园等,又如对工业、农业、科技、军事、学校等,也可在不影响其正常运转的条件下进行新的组合。也可依托于高科技,组建新的景观商品,如海底观光、太空旅游等旅游景观商品。

现有旅游景观商品的完善。现有旅游景观商品的完善,是指对正在运行中的旅游景观商品,或因进入衰退期,或因不再适应新的市场变化,或因其潜在价值未能充分展现,需要对其进行改造组合完善。

(二)旅游景观商品开发的原则

市场导向的原则。以市场为导向,就是要以旅游市场需求的变化为导向。现代旅游者多属理性化的消费者,其需求呈多样化发展趋势,对景观商品的文化品位提出了越来越高的要求。而且不同旅游者随着其文化层次品位的不同,有不同的旅游需求。因此,旅游景观商品的开发,应以市场需求变化为导向。

特色的原则。特色的原则,是指旅游景观商品开发要因地制宜,从旅游资源自身的实际出发,开发具有独占性、不可替代性、权威性和排他性的特色旅游商品。

持续发展的原则。持续发展的原则,是指旅游景观商品开发,要从保护生态环境,和谐、协调发展出发,绝不要耗用下一代所需要使用的资源。自然旅游景观商品开发,总会或多或少地对生态环境有所破坏,但破坏的程度一定要限制在生态环境的自我协调发展的程度以内,否则就会造成破坏,就不可能持续发展。持续发展的原则,还表现在依靠自身经济实力,保证景观商品持续运转、持续发展。

效益的原则。效益的原则就是指景观商品的产出要大于投入,不能亏损而要有适当的盈余,才能保证自我运转、扩大发展、不断繁荣。

第四章 文化创意理论阐释

当前,有一些旅游商品在设计时并没有深入渗透文化符号与文化元素,也没有表达出其深层意义与隐性感情。这类旅游商品的价值无法体验出来,不能让人产生回忆、纪念以及不能实现情感交互的目的。因此,结合文化创意理论来设计旅游商品具有重大的现实意义。本章主要研究文化创意理论,包括"达意与传神""隐与秀""境"。

第一节 文化创意理论的"达意与传神"

一、设计之"达意"

能够"达意"的设计不仅需要形态极尽所取元素的表意特征,更使观者与用者能够由此作品感受到文化元素深层的意义甚至历史底蕴。

图 4-1 宓风光泥塑作品:水浒系列——李逵

(资料来源:钟蕾、李杨,2015)

图 4-2　宓风光泥塑作品：水浒系列——武松

（资料来源：钟蕾、李杨，2015）

如图 4-1、图 4-2 水浒传人物摆件，其对水浒人物的刻画准确诠释了"达意"的设计表达。水浒人物的表意特征，黑衣武者的彪悍、粗犷，白衣武者的精干、灵活，分别从对人物的体、态、神角度给出了准确的概括。人物的"体"，如粗眉、连腮胡、宽阔略显肥胖等特征，符合人们认知经验中对"彪形大汉"的描述。"态"，具有动态表达之意。呆立原地的彪形大汉会传递给人憨厚、木讷之意。此案例中的黑衣武者斜肩顶跨，头微微侧倾，运用戏剧表达中的经典站姿，表达出武者彪悍但不野蛮，粗犷不失智慧的意义。"神"，是对人物神态的刻画。所谓画龙需点睛，设计的大体块关系建立后，形体的性格界定往往取决于对关键点的归纳、总结是否准确和精练。在这一系列的泥人设计中，对"体""态"的把握为整体，对"神"的控制则为点睛之处，也决定了最终泥人的风格定位。诙谐的、夸张的、严肃的、民俗语意明确的、时尚的等。[①]

设计之"达意"，乃是对旅游产品形态处理的高层次要求，是能够打动用户，准确传达出更多情感诉求的关键。艺术创作者的系列作品对形态之达意・传神刻画得入木三分。所谓达意则必然首先能准确传达根本意义。如同水浒人物李逵，如何艺术夸张，形态变化终不能失了其彪悍、憨实的根本。在此基础上运用合理、合情的叙事性设计方法，找到"关键孕育性顷刻"，最终完成其传神的刻画。设计的达意，正是在实与

[①] 钟蕾，李杨.文化创意与旅游产品设计[M].北京：中国建筑工业出版社，2015.

虚,满与空,多与少间游走,通过逻辑、科学的思辨性实现这些重要"度"的考量。

二、设计之"传神"

"传神"是"达意"的递进,只有充分表达出产品的深层含义才能令观者产生文化共鸣,对产品表达的意义心领神会,产生联想。从而使旅游产品真正实现满足观者需求、用户对旅游过程的回忆、对旅游地文化的理解的目的。而这需要产品设计具有丰富的情感语义,要准确把握产品的情感基调。如英雄人物纪念馆的纪念品,整体的基调庄严、肃穆,则与之相应的形态元素符号也具有刚硬、坚强挺拔的特点。押绘羽子板是日本人民过年经常使用的一种装饰品,寓意吉祥,该物品最初来源于宫中的祈福仪式,到今日,押绘羽子板成为一件具有日本文化特色的旅游装饰品。

押绘羽子板的设计融入传统歌舞伎的舞台形象,保留下羽子板作为祈福仪式的重要意义,这是对"达意"的成功把握。而歌舞伎的眼神,极具和式风格的动态,在羽子板准确传达出传统文化理念的同时,提升了"传神"的设计表达。"达意"而后"传神",是对民俗文化符号的完美诠释。

三、"达意与传神"在设计中的应用

由设计领域的案例分析,明确"达意""传神"如何实现产品对用户的深层情感表达。对"达意""传神"的把握,是产品向用户传达语意的有效途径。如去英国侦探故事中夏洛克·福尔摩斯的家里寻找名侦探的影子,针对这一旅游地设计一款烟斗,如果按书里描写的样子原封不动的制作,则当用户将产品带离旅游地时,由烟斗传达的语意因为脱离特定的存在语境而被其他以"烟斗"为语意载体的语境所弱化。如马克思衔着烟斗聚精会神的样子同样具有代表性,具有类似性的烟斗形态将不再是某个旅游地的特色产物,游客在回忆旅游过程或是将旅游产品转送他人时的深层情感需求将难以得到满足。[①]

产品设计做到"达意""传神",是产品主动引导用户思考、提升用

---

① 李贵清,叶倩钰,隋春花.符号视角下广东珠玑古巷旅游商品开发研究[J].农村经济与科技,2019,30(04):41-43.

户的兴趣点的重要保证。日本富士山,被诗人安积艮斋誉为:"万古天风吹不断,青空一朵玉芙蓉",是日本的象征,日本人奉它为"圣岳""不二山",山上的空气也被赋予"无污染、含氧量最浓的,富士山特有空气"的语意,将空气用铁皮罐子密封包装起来销售。空气本身是无形的,这种无形的产品却准确地把握住游客游玩时呼吸到富士山空气时的美好心理感受,传达了富士山之美"意"以及手捧空气罐子时情不自禁的对旅游时点点滴滴的回忆之"神",是对"达意""传神"的准确表达。

第二节 文化创意理论的"隐与秀"

一、"隐"之设计理论内涵分析

隐者,不可明见也——这是"隐"的第一层含义。旅游产品作为产品的特性所表达出的功能性,是不以实现其基本物理功能为主体的。如图 4-3 作为筷子的最基本使用功能不是构成"购买"这一目的的主要原因。

图 4-3 冬青木烙花筷

"情在词外曰隐",正是"情"这一重要因素左右着旅游产品存在的意义与价值。然而,能够"隐而不说",不着一字,尽得风流,又是对"情"表达的高级阶段。只有抓住"情",实现受众与产品本身的共鸣,才能打动受众,使其不仅愿意购买旅游产品,更通过对产品的钟爱而主动去了解它和它的文化,从而实现对文化的理解最终到对这一地区的认识

第四章 文化创意理论阐释

与爱戴。

"隐"的第二层含义是"审美意象的多意性"。设计的多意性在今天已有清晰的现代设计理论阐释。但是中国古典美学思想中,"隐"所指代的"多意性"则同时兼具"秀"的意义,强调"隐处即秀处"。能做到"会用笔者一笔做百十来笔用"则将使产品用最简洁的符号表达最深刻与丰富的意义。产品具有的隐含多意性,借由丰富却简洁的形态符号群表达,设计将兼具"简洁"与"丰富的内涵"这两层表面上看互为矛盾的意义。[①]

二、"秀"之设计理论内涵分析

"秀"乃是对审美意象的一种规定。审美意象应该鲜明生动,可以直接感受。"秀"是指"审美意象的鲜明生动、直接可感的性质。""秀"是对旅游产品要具有的"美"的范畴的基本规定:"状溢目前"的感受——生动性、可感性。

"秀"却不等同于"美",中国某些具有原生态特征的工艺品,如云南的瓦猫,古朴、怪异的造型,甚至略显粗陋。不存在"刻意雕琢"的痕迹,大而化之的线条,与当前对美的普遍定义大相径庭。然而,没有人怀疑它的"美",它的灵动与华彩,甚至感受到它是传神的活物。这种包含了生命力的美,正是古典美学所强调的"状溢目前"之"秀"。[②]

三、"隐"之设计理论对旅游产品的影响与应用

所谓"情在词外曰隐""状溢目前曰秀","隐"与"秀"这对范畴犹如事件的首尾、硬币的两面,相互依存,共同作用于设计。"隐者,不可明见也"。相对于设计,隐的魅力在于对设计蕴含的内涵意义的含蓄表达,"情在词外""义生文外"不是直白的吐露,婉转的笔触引导用户去思考、理解设计的理念。

流水别墅摒弃包豪斯时代的平铺直叙,也没有用过多装饰性线条表达更繁复的形态,而是将形体的自然张力融解于环境,如同海中明月,

[①] 钟蕾,李杨. 文化创意与旅游产品设计[M]. 北京:中国建筑工业出版社,2015.
[②] 李贵清,叶倩钰,隋春花. 符号视角下广东珠玑古巷旅游商品开发研究[J]. 农村经济与科技,2019,30(04):41-43.

璀璨夺目却不跳跃。强大的生命活力体现在四季的色彩和材质的变换中,天人合一的境界表达到位。流水别墅对于"隐与秀"的共同作用效果表达明确。一方面,流水别墅具有的自然生命力,拒绝了平铺直叙的表达,没有用绿色树叶或者树桩、假石的造型告诉人们我要表现的是自然。而自然的气息与蓬勃的生命张力无疑是这一知名建筑最杰出的特色。通过形以外的情与意,传达出设计者的思想;另一方面,完全的舍弃形象同样无以表达"情""意"。因此,只有隐与秀的协调统一、共同作用才会产生能够引起用户情感共鸣的优秀设计。

"隐"的第二重含义是"多意性"。旅游产品面对社会,承载着传承当地的旅游文化、实现经济价值的重任;面对用户,承载着用户对旅游地的情感寄托,对旅游产品的审美价值、实用功能、情感互动等方面的需求,旅游产品的多重身份注定了其多义性的存在。如何将这种面对不同层面存在的多义性最大限度地表达,并且有主次,有重点,对"隐"的多义性理解与应用尤为重要。

设计之"隐"在于气韵的把握。设计之"秀"在于细节的处理。如图4-4这一对中国娃娃的设计,"隐与秀"范畴掌握得恰到好处,多一份则乱,少一分则风格不明,隐晦难懂。

图 4-4 中国风娃娃

衣着的大色块处理,隐去了唐装排扣处细节刻画,却将唐装的洒脱准确掌握。隐去对面部的丰富处理,额前一点,头顶一簇,如同文学大家犀利的笔锋,寥寥数笔勾勒出中国儿童在喜庆节日的盛装打扮。最后,用一条垂至地面的中国结为整个形体设计做总结,中国结的竖长形丰富了娃娃在纵向设计上过于空旷的不足,大块面的红色悬浮于同样调子的红色裲子之上,若隐若现,既打破了裲子胸前的空虚,也不会因为细节过多而喧宾夺主,抢了裤腰上传统花纹处的精彩。整体设计始终是"隐与秀"的交替,"隐处即秀处",大俗亦大雅。惊鸿一瞥之下,细细品味又回味无穷。

四、"秀"之设计理论对旅游产品的影响与应用

设计并不是单纯的艺术——对美的掌控取决于各个艺术家的主观意识,并且这种主观意识往往大于客观事实。设计需要的是方法,设计需要能够将"美与艺术"融合进产品之中,使产品具有优越的市场竞争优势的思维方式与方法。尤其对旅游产品而言,其特殊的使用人群与开发目的,更加决定了系统步骤的分析,将可以抓住"秀"的本质,充分表达出旅游产品的"生动性与可感性"。将能够与受众产生"强烈情感共鸣"的设计之美有步骤地融入产品的开发之中。

对于旅游产品的设计同样如此。对旅游地某个著名景观、人物、事件的再现,也是旅游产品开发的一个方向,并且逐渐成为一个重要的开发方式。在中国此类型旅游产品不在少数。然而,由于设计要素缺失,导致很多模仿现实类开发思路的产品走入一个只用"工艺精细度"来评价产品价值的误区。地摊货与高品质产品的区别就是手工艺技能或者加工成本的高低。而旅游产品的形式创新度几乎为零。

反观日本、韩国等一些旅游产品开发较成熟的国家,一款零钱袋、一个相扑娃娃、手机链,利用机械化生产降低产品的成本从而提升这些廉价的摊边产品的品质与精致度。并且,都能体现当地的文化与地域特征,或雅致或可爱或动态感强。每个产品都能勾起游客对当地文化的神往,甚至是本地人对自己文化的自豪感或者具体场景的回忆,是兼具"生动性与可感性"气质的优秀设计作品。毫无疑问,"设计"是解决"加工成本"与旅游产品精致度之间难以调和矛盾的重要手段。而设计的"生动性"表达则是旅游产品对形态处理原则"秀"的重要表现手段。

第三节 文化创意理论的"境"

一、设计中"物境"的表达

"物境"考虑到使用前与使用中的灯具存在不同状态。未发挥其基本照明功能时,灯具作为装饰物与环境发生关系,构建出素雅、科技风格的"境"。作为灯具进行照明时,"光与影"作为物存在的新的状态与环境再次发生关系,构建出冷静、神秘的"境"。但两种不同的"物境"都围绕着灯具展开。物与人的关系是间接的,相对于"情境"与"意境"的表达,"物境"更着意于对"物"所在的环境的表达。

如图4-5,这款人物剪影形式的挂件,当其贴放在手机背面时,阴影造成的光影效果就好像手机后面多了一个人形的凹痕,嵌在手机中的人竟然还能抓住立体的悬空挂绳,制造出一种交错的视觉形象,非常吸引人。

图 4-5　手机挂坠设计

这一个巧妙的设计,首先满足人们"求变"的心理,随意垂落的手机链竟然变成了独特的手机立体贴花,好像神奇的"换彩壳"。另外,不时变换着拉绳动作的小人形,如同正在拉动立体的蓝色彩绳的真人一样。这种设计造成的空间错觉满足了人们"探求原因"的好奇心。这款手机挂件的成功设计,单纯靠所谓的灵感,拍拍脑袋,是不可能达到如此精确的对人心理需求的满足的。

成功的设计结果必然有系统的设计思维的引导和设计师进入相应的"境"之中所获得的"情感、合理性、巧妙性"等具有决定性的创新思维的结合。此款韩国手机挂件设计,是对"物境"中"物"如何发挥作用与环境发生碰撞的优秀设计案例。

二、设计中"情境"的表达

"情境"的建立需要设计者与用户通过设计物这一中间渠道实现情感的共鸣。具体来讲,被设计的物类似一个信息的传输通道,设计者想要表达一种情感、态度,运用相应的设计符号完成了对物的设计。而设计者传达的所有信息在经过传输通道时,由于不同的文化背景、社会经历、行为习惯等因素的影响而最终损失了部分信息后将剩余信息传递给了用户。用户看到最终产品并去理解设计者意图,不是通过产品身上的标识或文字,而是产品带有的各种设计符号。①

美味的牛奶倾倒时飞溅出碗边,浓稠的感觉勾起人的食欲(图4-6)。

图 4-6　创意餐具设计

一个著名的喜力啤酒广告策划是喜力啤酒好喝得让人等不及拿起瓶子。经常用牙齿开启瓶子的结果就是丢了重要的门牙。喜力啤酒和

---

① 钟蕾,李杨.文化创意与旅游产品设计[M].北京:中国建筑工业出版社,2015.

牛奶碗的设计都充分利用了人们联想的力量。谁都有着急喝酒却找不到瓶起子、把牛奶倒在杯子里时不小心飞溅出去的经历,这种经历勾起了人们看到这两款设计时对原有体验的回忆。设计者的意图被用户准确地接收,信息在传输过程中的损失极小。可见,巧妙利用人的认知经验,构建相应的语义情境,对用户理解我们的设计至关重要。

第五章　旅游商品设计的文化创意理论

结合文化创意理论,对旅游商品进行设计,有助于帮助设计者开拓眼界,拓展思维,设计出别出心裁的旅游商品。本章针对创新型旅游商品设计理论、创意时尚型旅游商品设计理论、传统手工艺类旅游商品发展、旅游商品系列化途径理论、创意旅游商品设计与开发的步骤这几个方面的内容展开深入分析与探讨。

第一节　创新型旅游商品设计理论综述

一、系统性设计理论的纵向深入点

对创新型旅游产品的设计开发,所涉及的基础理论模块包括认知心理学、设计符号学、社会学、系统设计理论、设计事理学、设计心理学等多领域多门类的理论知识。以产品设计理论为基本切入思路,同时综合考虑民俗文化资源的门类划分以及不同文化所具有的独特历史故事与背景,创新型旅游产品设计开发理论将能够触类旁通,实现文化类相关产品的设计并能为民俗文化的经济价值挖掘、民俗文化对现代社会的影响、顺利地传承与发展提供新的契机和可行之路。[①]

创新型旅游产品设计开发理论既需要考虑到传统文化的意义与价值,又需要兼顾能够打动人、使受众对旅游地产生情感共鸣并能体现旅游地特色等方面的旅游产品特质,这体现出限定因素多而庞杂、某些影响因素又具有特色鲜明、排他性强的特点,所以对宏观理论模块中某些纵向理论方向的深入度也提出极高要求。如现代设计中对中国传统美

---

① 钟蕾,李杨.文化创意与旅游产品设计[M].北京:中国建筑工业出版社,2015.

学思想"隐""秀"特质的表达与运用,将是"中国式设计"风格建立的重要契机。其核心理论层面结合现代设计语意学与设计心理学等内容所获得的理论创新,具有无比强大的应用前景与理论研究价值。

设计之"隐""秀"特质是对方案能够做到"达意""传神"的理论保障。"达意",在要向受众传达的功能、情感信息中,通过何种手段实现准确传达,将是设计能否递进到"传神"层次的一个重要瓶颈。以"号召人们保护鲨鱼"为设计目的,我们可以通过多种视觉形式做到准确的传达意义。但是单纯地准确达意绝大多数情况都未能实现产品与用户间的沟通,实现广大受众心甘情愿保护鲨鱼的目的。

二、系统性设计理论服务于产品设计

创新型旅游产品设计开发理论提出的设计理论系统,既提出了一整套处理解决中国不同地区的特异化民俗文化背景下的旅游产品的设计与开发的方式方法,也通过理论的模块化处理,运用系统性思维模式,将这种针对特定领域设计方法的应用层面扩大到诸如民俗文化的纹样提取方式、中国风产品设计以及动态情境引导下的产品设计等多个设计领域。各个理论模块既是具有单独理论核心思想的小系统模块,又是能够共同服务于总体目标的完整性系统方法。

如建立情境一为:素来对自己要求较高的A先生,喜欢一切都井井有条。下班后的他在整理好内务后,一如既往地冲了喜欢的咖啡。工作或休闲都是一成不变的规律,下厨需要每一件物品都在指定位置,工作台上多余的水渍、杂乱无章的肮脏单身汉生活会令其感到无助。然而,并不擅长整理家务的他要如何获得轻松愉悦的烹饪生活,并能够贯彻其井井有条、高雅的单身贵族生活状态呢?

通过情境分析,我们将获得的设计关键语归纳为:规律、调理、整洁、水的流动、各归其位,其设计升华关键语为:水珠滚动在精确、规整的精细凹槽中,最终汇聚。刀具、锅铲陈列在刻有刻度的精密设施中,位置精准、不容置疑。最终我们将获得用于形态创新的关键语为:水珠滚动、精确的电路、精细凹槽、刻度、极长的金属、精密。

建立动态情境,围绕着特定受众人群确立故事的发展,并最终挖掘出可用于形态创新以及产品造型设计的核心关键语,这一过程,由我们结合具体设计案例的分析可知,它并不是如框架解读中的单线顺序发展过程。关键语的推敲,需要反复重构目标人群的动态情境。这期间,对目标人群的分析、拓展,对设计目的的分析,挖掘以及相关故事的延展,都可能成为最终动态情境建立的契机。在无其他外围硬性设计要求的前提下,由动态情境假设的方式我们将可以得到多种能体现"事系统"而非单体"物"的深层次设计成果。对用户的深层情感需求,产品与用户间的多重信息交互体验,都将以更加和谐、自然的方式实现。所谓系统性的设计方法,指的是依据一条核心的理论,将诸多设计理论动态构建与贯穿起来,反复推敲其他各种要素在设计系统中的作用,不断获得新信息,调整动态情景的发展。

第二节 创意时尚型旅游商品设计理论综述

一、旅游商品创意设计的含义

创意设计,由创意与设计两部分构成,是将富于创造性的思想、理念,以设计的方式予以延伸、呈现与诠释的过程或结果。在明确产品设计理念的基础上,将新的观点、新的方法加在旅游商品的设计中,生产出不同以往的旅游商品,这就是旅游商品的创意设计。[①]

与普通商品的开发设计不同,旅游商品是在旅游活动的背景下研究的,其创意设计的关键是带着旅游地文化、旅游经历、游客精神追求等多方面进行的创新。在旅游地传播文化的过程中,旅游商品实质上充当了传播内容和传播媒介的角色,将旅游地文化宣传、传播给旅游者以及其他受众。现代旅游商品设计已经不仅是视觉元素的运用和重构,而且是一种将地域文化、民族文化中的深厚底蕴与历史相融合的,基于地方、民族特有文化而进行的创新设计。

二、旅游商品创意设计的必要性与重要性

2013年我国GDP达到56.88万亿元,同比增长7.67%,实现旅游业总收入2.95万亿元人民币,同比增长14.0%,旅游业占GDP的比重

---

① 梁留科.旅游商品创意与设计[M].北京:科学出版社,2016.

为 5.19%；2014 年,我国 GDP 首次突破 60 万亿,达到 636463 亿元,同比增长 7.40%。就旅游业来说,2014 年我国旅游业实现了新跨越,全年旅游总收入约 3.25 万亿元,同比增长 10.17%,旅游业占 GDP 的比重为 5.11%——旅游业的增长速度大于 GDP 的增长速度,旅游业发展情况良好。但是我国旅游业收入的增加主要来源于景区门票价格的上涨,而目前国内主要景区门票价格已经很高,门票价格上涨的空间十分有限,要想使旅游业持续、快速、健康发展,就必须将眼光转向旅游业发展的重头——旅游商品,进行旅游商品创新,将旅游商品的研发设计与销售打造成旅游收入的增长极。

近年来,虽然我国旅游商品随着旅游业的蓬勃发展有了很大改善,但是仍然存在很多问题,如旅游商品雷同,缺乏创意和特色；知识产权保护机制不健全,模仿、抄袭现象泛滥；品牌旅游商品缺乏；市场营销乏力；专业设计人才缺乏等,使得旅游商品的发展受到了严重阻碍。造成这种现象的主要原因是旅游商品的地方特色、文化内涵的缺失以及旅游商品设计的落后单一。在国内,很多旅游商品生产者没有创新,只是对传统商品进行复制与模仿,没有市场竞争观念,更不具有现代的创新设计理念,这些因素导致他们所生产出来的旅游商品形式陈旧、内容单一,无法满足旅游者的消费需求。

要想解决当前旅游商品出现的各种问题,首先需要通过创意性的设计方法将地方文化与旅游商品进行有机融合,打造出富有地方文化内涵的特色旅游商品,使游客能够更好地体会地方文化的精髓,感受到各地区地域文化的魅力,从而刺激游客消费地方旅游商品,从而实现提高旅游购物收入、宣扬推广地域文化和进一步推动旅游产业发展的良好效果。

同时,我们要明白旅游商品是一个国家的文化艺术、工艺技巧和物质资源相结合的产物,尤其是旅游纪念品,它的造型、艺术、色彩都凝聚着本国本地区劳动人民艺术创作的成就,反映着一个国家和地区的文化艺术水平和民族风格。然而短暂的游览活动是不可能让旅游者对一个国家或地区的优秀文化留下深刻印象的,不过购买旅游商品、对旅游商品的鉴赏品评可以加深旅游者对一个国家或地区的文化传统、艺术造诣、民族风格和喜好的了解,从而实现旅游者思想感情的融通。另外,设计者还需要充分结合不同地区的旅游商品特色,设计出系列旅游商品,并将这些商品推广到国际市场,如此不仅可以扩大旅游点的影响力与吸

第五章 旅游商品设计的文化创意理论

引力,而且还可以传播我国的优秀文化艺术,最终促进国内旅游事业的深入发展。

三、旅游商品创意设计流程

（一）旅游商品资源调查与评价

把资源变成产品,使之产生经济效益、文化效益和社会效益之前,应对资源进行调查,查明可供利用的资源状况,系统而全面地把握资源的质量、特点、时代及价值等,为资源的评价、开发和合理利用做好准备。旅游商品资源的价值具体指它对原著居民与旅游者、地方旅游业与商业发展、地域文化的传播、传统手工艺的保留与发展的有用性,在利用之前,应对其进行调查与评价。

1. 旅游商品资源调查的内容

旅游商品资源调查内容复杂繁多,涉及旅游商品开发的方方面面,因此对旅游商品资源调查既要注重资源自身的各种情况,也要注意资源外在环境的现状与发展变化,设计者应该通过网络、图书等手段,从大的背景上了解当地的地理气候、历史文化、风土人情等信息,系统地进行资料收集,对当地旅游资源进行分析。分析的内容包括旅游商品资源的类型、特征和开发现状,以明确当地的资源优势,为之后的评价和开发设计工作做好前期准备。

（1）类型调查

对于旅游资源的资源类型,现一般以 2003 年国家标准旅游资源分类、调查与评价（GB/T18972.2003）为依据。此标准依据旅游资源的现状将旅游资源划分为 8 大主类、31 个亚类、155 个基本类型三个层次,其中前 4 主类属于自然旅游资源,后 4 主类属于人文旅游资源。而国际标准中则将旅游商品资源分为地方旅游商品 1 个亚类和 7 个基本类型资源：主要是菜品饮食、水产品及制品、农林畜产品及制品、传统手工产品与工艺品、中草药材及制品、日用工业品和其他物品类资源。菜品饮食资源主要指各种菜系、风味小吃、饮品等；水产品及制品资源主要指各种干鲜制品等；农林畜产品及制品资源主要指水果、动物肉、皮毛等。传统手工产品与工艺品资源主要指雕刻、陶瓷、刺绣等；中草药材及制品资源主要指天麻、人参、乌鸡白凤丸等；日用工业品资源主要指服装、香水等；其他物品类资源主要指文物、古董等。对区域旅游资源的类型展开充分了解，可以有效确认旅游商品主次的开发，准确应对市场变化。

（2）开发现状调查

开发现状的调查包括已开发的旅游商品和具有潜在开发价值的旅游资源。对开发现状进行调查，可以节约商品开发设计成本：对于已开发的商品资源，可以在进行对比的基础上选择更具开发潜质的资源，进行深度开发；对于未开发的商品资源，旅游商品设计者要结合旅游者的购物需求，有选择性地开发。

2. 旅游商品资源的评价

资源评价是在资源调查的基础上进行的深层次研究工作，是从追求经济利益最大化的角度出发，采取科学的方式、方法，对区域内资源本身的价值及外部开发条件等进行总的评判和鉴定的过程。资源评价涉及的范围非常广泛，不同的评价者会导致评价结果的差异，因此要对其进行客观地评价。

（1）历史文化价值

历史文化价值是指旅游商品资源所包含的历史文化内涵，一方面它包括旅游资源是否与重大历史事件、历史人物相结合；另一方面包括这种资源是否具有或体现了某种文化特征。但是对于文化我们要有正确的认识，在旅游商品的开发设计上，要赋予旅游商品以积极的文化内涵，对于消极意义的文化内涵应该舍弃；同时应大力引进先进的科学技术手段，使文化具有新意，令旅游者耳目一新，增加旅游者的购买欲望。

（2）特色价值

所谓特色就是与众不同、人无我有、人有我优、人优我特。它一方面指旅游商品资源本身是这个国家或地区所特有的，另一方面指旅游商品资源所包含的文化特征是其他地方所没有的。文化特色、地域特征是旅游商品资源创意设计开发最重要的因素。

（3）社会经济价值

开发旅游商品资源，最主要的是把资源变成具有自身或地域特色的旅游商品，激发人们的购买欲望，最终达到提高当地旅游收入、促进区域旅游经济发展的目的。

第五章　旅游商品设计的文化创意理论

（二）旅游商品市场的调查与分析

在现代市场经济中，任何产品在走向市场、成为商品之前，一般都要进行市场调研活动，这是由市场经济规律决定的。市场调研活动的目的是获取信息，只有以这些基本信息为依托，才能使设计工作有的放矢。对旅游业来讲，如果不了解旅游市场规模，不了解客源市场所在，不了解自己在市场竞争中的优劣，那么其发展将是一种盲目的发展。旅游商品市场是旅游市场的一部分，旅游资源的倾向性使得旅游资源的开发具有很强的客源市场针对性。目前国内旅游商品水平参差不齐、抄袭现象严重，现有旅游商品很难激发起游客的购买欲望。因此，旅游商品市场调研的方向可以从如下几个方面进行把握。

（1）如何对旅游商品进行创意性的设计。

（2）如何将文化内涵融入设计过程。

（3）如何满足不同游客的旅游需求。

（4）如何使旅游消费者获得新的感官体验。

旅游商品设计中的市场调查，主要是从需求的角度，对用户进行研究和分析，发现现实或潜在的旅游消费需求，对旅游商品供给市场和消费市场进行分析，把握旅游商品开发发展趋势和消费者的消费倾向。在此基础上，有针对性地将本地的特色文化资源创意性地融入旅游商品设计，最终设计出既有当地文化内涵又能够满足游客现实需求的，具有纪念价值、装饰价值、经济价值等多种功能的现代旅游商品。

1. 旅游商品供给市场调查

在经济学中，市场是指商品交换关系的总和，是不同的生产资料所有者之间经济关系的体现。把旅游商品资源变成具有购物吸引力的旅游商品，前提是要对现阶段旅游商品开发市场进行调查研究，对国内旅游发达地区的旅游商品开发趋势有一定的认识，把握最前沿的商品开发现状，了解别人的特色，并从市场中发现自己的优势和劣势，对于优势加以总结，以期更突出自己的优势；对于劣势加以改进，以不断完善自身，增强市场竞争力。

2. 旅游商品需求分析

研究旅游者需求，是站在企业的角度，研究提供何种旅游商品才能满足旅游购物者的需要,从而达到销售产品、使企业盈利的目的,它是把商品类资源转化为受旅游者欢迎的旅游商品的过程,是旅游商品开发设计和营销的基础。对旅游商品的需求最终会落实为旅游者的购买行为,因此需要对旅游者购买行为进行分析。对旅游者购买行为进行分析,主要了解旅游者为什么要购买旅游商品、喜欢购买什么样的旅游商品,购买旅游商品的频次,购买旅游商品的时间,购买旅游商品的方式,购买旅游商品的数量等。

四、旅游商品创意设计的措施

(一)提高旅游商品的艺术品位与工艺水平

旅游商品在进行创意设计时,应在旅游商品的开发、设计和生产环节大力引入相关专业人才,提升工艺水平,实施旅游商品的特色开发和深度开发,设计出高品位、高起点,具有鲜明个性的名牌旅游商品。旅游商品的设计,是技术性和艺术性的有机结合,设计者要在符合科学技术规律的基础上,发挥产品的物质功能和形式的审美表现力,同时要用不断发展的眼光进行旅游商品的设计,以适应人们趣味追求的变化和对新鲜感的要求。

我国家具工艺虽然有悠久的历史,但是种类并不多,在唐代以前人们都是席地而坐,到了两宋时期进入了变革时期,逐渐采用今天的高桌、高凳、高案,并且出现了许多新的家具样式,构造上也有进步。而明代家具工艺是家具工艺史上一个辉煌的时期,取得了前所未有的成绩。这与明代的经济发展、科技进步以及海外贸易的交流和技术的不断创新是不可分割的。

进入明代以后,随着社会经济的发展,手工业、商业的繁荣,对外贸易也表现得空前活跃,尤其是生产水平和工艺技术不断进步,大大超越前朝。为了满足当时人们的生活,家具工艺的生产逐渐扩大,逐渐形成了一个新兴的行业。明代苏州的经济和文化十分发达,家具的生产处于全国领先水平,充分利用木材的纹理优势、发挥硬木材料本身自然美的硬木家具十分普遍。明代硬木家具用材多数为黄花梨、紫檀等高级硬木,工匠们在制作家具时,除了精工细作,不加漆饰、不做大面积装饰之外,还充分发挥、利用木材本身的色调、纹理,形成自己特有的审美趣味和独特风格。这是明代家具的一大特点。明代硬木家具以崭新的面貌开启了中国家具的新篇章,使中国的传统家具形成了一种新的风格和类型。

明代家具的造型简洁明快,工艺制作和使用功能都达到前所未有的高峰。这一时期的家具,品种、式样极为丰富,成套家具的概念已经形成。布置方法通常是对称式,如一桌两椅或四凳一组等,并且在制作中大量使用质地坚硬、耐强度高的珍贵木材。家具制作的结构极为精密,构件断面小轮廓非常简练,装饰线脚做工细致,工艺达到了相当高的水平,形成明代家具朴实高雅、秀丽端庄、韵味浓郁、刚柔相济的独特风格。明代家具的榫卯结构,极富有科学性。不用钉子少用胶,不受自然条件的潮湿或干燥的影响,制作上采用攒边等作法,在跨度较大的局部之间,镶以牙板、牙条、圈口、券口、矮老、霸王根、罗锅根、卡子花等,既美观,又加强了牢固性。明代家具的结构设计,是科学和艺术的极好结合。时至今日,经过几百年的变迁,家具仍然牢固如初,可见明代家具传统的榫卯结构有很高的科学性。

（二）让游客参与到旅游商品的生产制作中来

游客在购买旅游商品的同时,往往希望了解其材料构成、生产工艺和生产过程等,以满足好奇心、丰富旅游经历。因此,游客能够参与制作的旅游商品不但能反映地方特色,更因为是游客亲手制作而更有纪念意义,受到游客的青睐。

目前很多商品在设计时都更加注重情趣化,或注入有趣的故事,或带上游客自身的体验经历。如2010年"上海世博会护照"十分受游客欢迎,因为它可以作为一个半成品,将游客转化为生产者,这样游客可以带着自己的旅游经历去体验乐趣,自然开心。

"世博护照"是用于收集世博会各参展展馆纪念印章的指定载体,大小样式类似普通出国护照。按世博会惯例,每个国家馆内都备有象征各自国家的图章,参观者持世博护照每到一"国",就可盖一个章,由此将单向参观游览变为双向互动体验。世博会结束后,该护照将成为独具特色的世博纪念品。

"世博护照"最早起源于1967年蒙特利尔世博会,在早期兼具门票功能,而其更重要的功能则是,通过参观者前往各个场馆为"世博护照"盖章的过程,提升其对世博的参与乐趣及互动体验。此后,在历届世博会上,各参展国和组织都会准备一枚世博纪念章,参观者可以持"世博护照"至各个场馆,盖章留念,所以"世博护照"又被誉为"环球护照"。

(三)传统材料与新工艺或者新材料与传统工艺的结合

任何的设计都需要关注科学技术的发展,引进先进技术与生产方式,不仅能够使传统手工艺获得新的发展,而且可以改变传统旅游商品科技含量低、经济效益差的状况。现代旅游商品的设计应依靠新技术,研究出新材料或新工艺来推进旅游商品形态的更新,从而适应旅游业市场不断变化的现实。旅游企业想要充分占领旅游商品市场,可以将传统材料与新工艺结合起来,设计出高品位、高起点、个性鲜明的商品,吸引游客眼球,激发他们的购买行为,从而实现良好的经济效益。

键盘鼠标这样的产品,技术都相当成熟,谁都会造,但是,能想到用竹子来造键盘鼠标却是头一回——江西省铜鼓县一家竹木业企业做出了全球首创的"竹键盘""竹鼠标"。竹键盘敲击声小,天然恒温,能避免静电,利于延长键盘电子部件的使用寿命。这样的创新,最大的卖点就是环保,其技术和工艺已获多项国家发明专利,一亮相就受到国内外人们的欢迎,尤其是在欧美日等发达国家和地区,环保的产品往往是最受欢迎的,哪怕价格稍贵,也同样热销。不起眼的竹子,加工成键盘、鼠标后,就变成了环保健康的好产品。

到目前为止,该企业生产出来的竹键盘、鼠标基本上都出口到了美国、韩国、阿联酋等国家,而且,他们也正与联想等知名电脑企业洽谈合作。"鉴于竹键盘、竹鼠标等成本低、手感好、使用方便、环保等优良特性,将来计划大范围推广。"该企业今后还计划把生产领域延伸到电脑主机、显示屏外壳等方面,使得电脑"穿上"全套环保外衣。竹键盘、竹鼠标的热销,提示着我们,"中国制造"是该向"中国创造"过渡了。如何把当地有特色的原材料打造成更具科技、环保等含量的热销产品,这是我们需要思考的问题。

(四)立足地域文化,挖掘"符号性"元素

旅游商品设计的灵魂是文化,其实质就是文化的设计。传统的旅游商品,往往与特定的文化传统或习俗联系在一起,它与人们的日常生活息息相关,因此容易为人们所接受。但是传统的旅游商品在设计和制作上通常比较陈旧和落后,具有较大的封闭性和保守性。随着社会经济水平的发展,人们的物质生活水平不断提高,精神需求不断发展,旅游者对区域文化的需求也越来越强烈。对于任何商品的生产,社会需求都决定了其设计和生产的方向。社会需求具有多样性和发展性,把握这些需求,就要把社会的、经济的和文化的进步有机结合起来,凝结在物质形态的产品之中。对游客而言,文化差异就是吸引力,旅游商品的市场前景在很大程度上取决于这种文化上的差异,游客都喜欢地方特色浓郁的旅游商品,它是一个地区、一个民族文化的体现。因此,旅游商品在设计过程中尤其需要注意如下几个方面。

(1)把握各种文化的独特性与时代性。

(2)挖掘地方特色文化。

(3)有效把握社会需求。

(4)凸显特定地区的文化内涵。

(五)打造旅游商品品牌优势

品牌,简单来说就是消费者对产品及产品系列的认知程度,它是能带给其拥有者溢价、增值的一种无形资产。品牌以与其竞争者的产品或劳务相区分的名称、象征、记号、术语或者设计及其组合为载体,其增值则来自消费者心中形成的关于其载体的印象。随着经济的发展和商品市场的逐步完善,人们正进入品牌消费时代。对旅游商品来说,打造良好的品牌是非常重要的,一方面,具有良好品牌的旅游商品是对旅游目的地的宣传,可以使二者结合在一起,相得益彰,如瑞士手表是瑞士的国家旅游品牌,唐老鸭、米老鼠成为美国的旅游品牌等;另一方面,品牌可以为旅游商品带来巨大的附加值,能够更好地推动旅游产业发展,使旅游业获得良好的经济效益。

第三节 传统手工艺类旅游商品发展综述

一、传统手工艺品的价值体现

传统手工艺品其文化的价值体现是手工艺人劳动的不可复制性。

以淮阳泥泥狗为例,淮阳泥泥狗是为纪念伏羲、女娲抟土造人育万物而制,是伴随着宗教祭祀和古老民俗而诞生并绵延流传至今,被誉为"活化石",是中国远古时期流传下来的生殖崇拜象征,是民俗文化中的极为罕见且具有代表性的传统手工艺品。

区别于现代机械化、大批量生产的工业产品,传统手工艺以精湛的技巧、深厚的文化底蕴和传统造型基础,手工艺人自身的性格、习惯、文化背景甚至在制作工艺品时的状态,都决定着成型作品的价值和性质。很多艺人仍习惯于作坊式制作与经营,其艺术品的价值与独特魅力尽显其中,相应的,严重制约着这一手工技艺的发展。

二、传统手工艺品的创意设计

传统手工艺品的加工过程往往是其文化生活的最直接体现。虽然很多传统手工艺品因其存在的文化、生活形式、习俗背景发生改变而面临手工艺人后继乏人的局面,但传统文化的精髓仍饱含于劳动人民的漫长历史发展中,通过总结生活经验的点点滴滴积累而成。被称为"活化石"的淮阳泥泥狗,若不再采用当地的泥胶块,不再以高粱秆点花,手工捏制成形,不再是锅底灰加骨胶等一些纯天然染料熬制着色,那么传统文化仅以泥泥狗的独特形态去承载,又如何担得起"活化石"的称号。创新型旅游产品的发展必须依托传统文化,并且需要从根本上传承传统文化。

对传统手工艺品的创意设计,从宏观层面,需做到策略清晰的传统手工艺品产业化建设。

包括品牌意识的建立;符合传统手工艺品文化发展背景的营销模式建立;由政府和有关管理部门参与制定的相关政策法规,实现对当地传统手工艺品的知识产权保护与合法经济权益的维护;完善的设计、策划、生产、销售产业的建立。

对传统手工艺品的创意设计,在微观层面,则需要准确掌握传统手工艺品如何在产品的外延表达上更具有时代感与创意性。其最直接的表达就是产品的包装、宣传图册等一整套标识设计与系列化方式的运用。

对传统手工艺类旅游产品的创意,既要尊重其文化发展背景,不能脱离文化存在的生活形式,又要适度地运用现代创意设计理论将古老的文化精髓与现代人的审美需求相联系。

第四节　旅游商品系列化途径理论综述

系列化设计思维将传统模式的从单一产品的焦点式扩展到由产品构成的系统的概念,多元化多角度地考虑设计的切入点。如"日本战国武将人偶"系列旅游产品,在一个统一的主题下,延展出不同的人物。对于民俗文化的旅游产品设计的思考,大致应该基于两个方面,即旅游产品的两种系列化方向。

一种是单一的针对一种主体意义的旅游产品而言,寻找相关联的地域性传统民俗文化元素,并且将这些民俗文化元素进行系列划分,结合设计运用在旅游产品上,形成游客对于当地民俗文化的系列化、系统化印象。

一种是根据特定景区鲜明的文化特色,抽取出值得游客留恋回味的文化元素,并将其形态化后,整合入某一组旅游产品当中,使这些旅游产品形成在某一品牌、某一功能范围内的系列化、系统化印象。

旅游产品设计方案一:设计实践案例:妈祖文化可旋转茶海

将天津妈祖文化与中国的茶文化结合起来,制作一系列茶海设计,底盘为日月之形,也有海上生明月的寓意。通过造型与图示的辅助,把海神妈祖的伟大形象通过海浪和云纹的烘托表现得更加淋漓尽致。向世人展示了妈祖娘娘的福泽天下与恩泽四方。细节的图形则提取妈祖娘娘霞帔上仙草仙芝的纹样,使其更具妈祖文化特色。该设计方案在2009年天津市第二届文化创意设计大赛中获得一等奖。

旅游产品设计方案二:设计实践案例:杨柳青年画元素办公用品

本作品汲取杨柳青年画元素进行设计,恰到好处地运用于当代社会的文化用品之上,笔筒以古代宫灯造型为范本加以必要的变形,尽可能贴近现代节奏的简化线条以达到最简洁的视觉效果,结合杨柳青年画隽秀艳丽的色彩表现方式,体现底蕴浓烈的笔筒文化,并且意在打破空乏的办公空间,使人们繁忙的办公学习得到缓解之余,又愉悦了视觉感受。名片夹的设计提取了杨柳青年画中"莲"的元素。此设计方案已获得 2009 年天津市第二届文化创意设计大赛二等奖。

通过以上两个实践设计案例的分析,我们了解了地域性民俗文化的旅游产品设计系统化的基本途径。仍然需要对当地民俗文化元素分纵向、横向两个角度加以提炼和归纳,当然这种提炼和归纳必须建立在对地域性的民俗文化的内容做深刻调研并加以理解的基础之上。

一个旅游产品的设计研发,同时伴随着具有更强前瞻性逻辑思维的系列化设计发展策略,为旅游产品的创新与提升自身经济价值、延长产品的生命周期都提供了重要、可靠的理论支持。

第五节 创意旅游商品设计开发完整步骤解析

旅游商品开发是一项极其复杂的工作,一个完整的旅游商品开发过程通常包括前期市场调查与产品定位、产品构思与筛选、产品概念与商业/市场分析、产品试制与试销、市场推广与批量上市五个环节,通过这些环节,产品由最初的创意最终走向市场。

整体上看,产品开发过程是以市场为导向的旅游商品从研发到上市的过程,市场是产品开发的导向,产品是核心,在这个前提下,各个环节分工协作、相互促进。不同行业的产品开发有不同的特点,没有统一的模式。并不是所有的产品开发都要经过这些环节。

对于具体的文化产品开发,文化企业可以根据产品的特点选择相应的环节组织产品开发。尽管如此,为了使旅游商品的开发效益得到保证,文化产品的开发必须遵循特定的程序,通过严格的程序对各种旅游商品的创意和构思进行筛选和试制。[1]

一、市场调查与市场定位

(一)市场调查

旅游商品开发的市场调查主要是研究潜在的目标消费群体,为旅游商品寻找市场定位。市场定位是市场调查的目的,市场定位主要是通过

---

[1] 尹泓,练红宇. 文化产品开发与经营[M]. 成都:电子科技大学出版社,2016.

第五章 旅游商品设计的文化创意理论

对于潜在目标消费群体消费行为态度的调查研究来实现的。消费行为态度决定了目标消费群的消费方式、消费形态、消费趋势,对于这些问题的研究成为潜在目标市场研究的重点。

潜在目标消费群的消费行为研究是文化市场调研的重要任务,其目的在于了解潜在目标消费者对于文化产品或者服务的获取途径、消费方式。通过市场调查能够了解潜在目标消费群的需求与欲望,以及现有产品、品牌在这一群体中的位置,进而为旅游商品开发寻找准确的市场定位。同时,了解潜在目标消费群对于文化产品的接触渠道以及各种品牌在潜在目标消费群心目中的形象、地位及评价,能够为产品营销推广策略的制定提供参照。

(二)市场定位

市场定位是为了让潜在目标消费群将企业开发的旅游商品与其他产品区分开来,并找到一个最有利的位置与竞争对手抗衡。文化产品开发的市场定位除了前期深入的市场调查,还要对文化产品开发的基本问题品的生产要素——文化资源,进行深入的内涵挖掘与科学评估。

二、构思与筛选

文化旅游商品的构思就是关于产品开发的设想或创意。构思是文化产品开发的重要环节,虽然并不是所有设想或创意都能变成产品,但寻求尽可能多的设想可以为开发旅游商品提供较多的机会。在众多构思的基础上,还需要根据市场目标等各种因素对构思进行筛选。

(一)构思的来源与渠道

构思是对潜在旅游商品的基本轮廓结构的设想,好的构思是旅游商品开发成功的一半。

(1)构思主要有以下几个来源。

①潜在资源。开发潜在资源,即对构成现有产品的资源要素进行重新排列,去发现某些要素的功能尚未被充分开发和利用的部分。找到了这样的要素,就有可能产生出新的产品开发创意。如当移动电话的便携要素受到重视后,随时随地拍照、上网、玩游戏、听音乐等功能就被整合

了进来,从而使移动电话的功能大大延展,对消费者需求的满足程度也大大提高。

②递增需求。递增需求指消费者对现有文化产品的不满、要求、希望、爱好等,是文化旅游商品构思的主要来源。递增需求通常直接反映了消费者的潜在需要。只要这些需要具备一定的普遍性与紧迫性,就意味着旅游商品开发能够满足这些需要,存在很大的潜在市场,从而为旅游商品的研发提供了明确而有效的构思方向。此外,由某些主体产品消费而引发出来的关联需要,即派生需求,也是旅游商品构思的重要源头。如由冰箱消费而引发的对保鲜袋、除臭剂之类产品的需求;由汽车消费而引发的对防盗器、导航仪之类的需求等。在来源于消费者需求的基础上开发的旅游商品,成功率最高。

③技术创新。技术创新即专业技术人员对产品技术的创意,指专业技术人员从技术的角度来研究文化产品的新用途、新发展,在此基础上形成旅游商品的构思。

④竞争者的经验和教训。从竞争对手所生产产品中找到其优点与缺点,从竞争对手的经验中找到成功与失败的教训,从而帮助自己快速成长。

(2)通常获取构思的渠道主要有消费者、竞争对手、中间商、营销人员。具体地说,主要包括：文化市场调研报告、研发报告等内部文档;内部员工不同时间段组织的讨论(头脑风暴);文化产品原有用户、客户的反馈;研发人员根据某种研发规律进行的分析判断;文化产业咨询机构运用用户座谈会、U&A(消费者使用习惯和态度研究)研究中用户需要的分析等。

(二)常用的构思方法

(1)垂直思维法。垂直思维法是按照一定的方向和路线,运用逻辑思维的方式,在固定的范围内,面向纵深即垂直方向进行思考的方法。这种思考方法是用现有的认识、经验、观念,从问题的正面垂直切入,进行分析研究。垂直思维法要求思考者目标集中用心专一,按照一定的思维路线,在特定区域进行纵向思考,其重点是思考的深度而不是广度。垂直思维法尊重事物发展的逻辑规律,但往往因为因循守旧难以有所突破。在产品开发构思中,这种方法侧重于对以前经验的继承和运用,能够根据本行业设计的传统思路进行产品的构思,如对现有产品的改进、对于现有产品线的增补、系列产品的开发等。

(2)水平思维法。即破格思维法、横向思维法。水平思维法的思维路线不是垂直线性的,而是横向的,有多个发展方向,呈现为不连续的思考。这种思维方法尽量摆脱既存观念,从全新的文化产品开发的基本问题角度重新思考特定的对象,进行构思和创意。水平思维法的特点在于打破定型化的思考模式,依靠思维的非连续性增加构思的新颖性。与按部就班的垂直思维相比,水平思维是跳跃性的、或然性的、探索性的,因此也更具创新性。但是,在旅游商品开发中,由于缺乏既有的路径与现有的产品开发经验,水平思维法也增加了旅游商品开发的风险和操作难度。

联想思维法。联想思维法指受到某些客观因素的启发而形成的创意和构思。联想是指由一事物想到与其相关的人或事物的心理过程,主要有接近联想、相似联想、因果联想、对比联想。从文化的角度看,西方人善于归类,东方人善于联想,善用比喻,如"面若桃花""天无二日,国无二君"等都运用了联想思维。在产品开发中运用联想的关键在于构思者要有强烈的创作意识与丰富的想象力,以及对周围事物敏锐的洞察力和理解力。

会商思维法。会商思维法即头脑风暴法,是一种集体创意的思维方法。会商思维法通过一种特殊的聚会,让与会者在聚会上没有任何限制地发表自己的创意,并且在会议上不对任何创意进行评价。通过头脑风暴的激发,往往能产生很好的构思。广告公司往往通过这种方法寻找新创意。会商思维法的特点在于通过集体创作,能够引发思考的连锁反应,禁止批评,能够激发大量的创意,通过思维的碰撞与创意集聚,为产品构思的出现奠定基础。

(三)筛选

构思不可能最终都转化成产品,必须通过筛选来评价产品构思。文化企业在广泛征集旅游商品构思的基础上,还要对这些构思进行进一步评估,研究它们的可行性,挑选出可行性较强的构思,尽早发现并放弃不理想的构思。筛选是指文化企业通过分析市场环境、企业条件、销售条件和效益目标等各项因素,对各个创意的成本、潜在效益和风险进行分析比较,挑选出最有价值的创意的过程。筛选通常要考虑以下几个因素:是否具有潜在的市场需求;是否与企业目标相适应;文化企业有无足够的资源能力实现该构思。

通过汇集、整理旅游商品的构思,文化企业要排除缺乏科学性、缺乏可操作性、与文化企业发展战略不符的构思。在具体操作中,文化企业可以通过设定"产品的独特优势""高绩效成本比率""高营销资金支持""现有竞争状况"等因素对于构思进行可量化的综合评价。根据各因素对于企业目标的重要性程度赋予一定的权重,以各因素的得分与权重的乘积得出各构思的总分,根据总分进行构思筛选,以确保筛选的科学性,避免误舍与误用。

三、产品概念与商业、市场分析

(一)产品概念的形成

旅游商品概念的形成来源于针对构思提出问题的回答,如回答"谁使用该产品"形成针对特定群体的产品概念。文化产品构思同样需要通过对产品构思的具体化,对旅游商品的形态、结构以及基本特征进行详细描述形成文化产品概念。文化产品概念是产品进行运作时可以依据的具体方案。如对于展会项目的开发,当有了展会构思后,就要根据展会的目标参展商、目标观众、展会的核心内容、展会的召开时间等进行具体设计。构思只有在形成具体的产品概念之后,才能被文化企业采用,并展开进一步的分析。

(二)商业分析与市场分析

(1)商业分析。商业分析就是产品开发的效益分析,通过分析确定旅游商品的开发价值。商业分析可以从两个方面进行。

①绝对价值:即旅游商品问世后的预期收益与产品开发成本之间的比较。若预期收益大于开发成本,说明旅游商品具有开发价值。

②相对价值:即旅游商品上市带来的机会成本。通过机会成本分析旅游商品开发的效益与风险。

(2)市场分析。经过商业分析后,具有开发价值的旅游商品还要经过市场分析环节。市场分析主要考察旅游商品的生产经营是否具有连续性,即考察旅游商品的市场发展前景。高额的研发成本和运作成本促使文化企业对市场前景非常关注。富有连续性的文化产品,能够降低企业的维持成本,形成忠诚于文化产品,进而忠诚于文化企业的消费群体。消费者的忠诚度是文化企业发展的重要保证。

四、产品测试与试制、试销

(一)产品测试

产品测试可以分为概念产品测试与旅游商品测试。

(1)概念产品测试。概念产品测试可以从产品概念测试、产品形象测试两个方面进行。产品概念测试是将一个精心描述的产品概念提交给目标消费者,请他们做出评价,以了解潜在消费者的反应,为优选产品概念提供依据。产品形象测试是指企业根据产品创意,设计出几种具体方案,用文字、图形或模型描述出比较明确的产品形象,随之逐个进行评价鉴定,衡量其潜在价值,并择其优者与市场上的现有产品比较,分析其竞争能力的测验过程。测试验证的内容主要包括:

①旅游商品形象与现有产品形象的差距。
②潜在消费者对旅游商品形象的认知。
③旅游商品形象的可信度与可传播性。
④潜在消费者对旅游商品形象的需求。
⑤潜在消费者的购买意愿、购买场合和购买频率等。

(2)旅游商品测试。旅游商品测试是由商家或者产品生产者设计出产品模型,进行测试。旅游商品测试的目的在于了解产品与概念的匹配程度、产品的属性评价等。常用测试方法包括:概念试验、模拟设计、偏好试验、选择品名、包装等。

(二)产品试制与试销

产品试制是把构思、设计转变为具体产品的关键环节。在试制阶段,以文字、图表及模型等描述的产品设计变为实体产品。但并不是所有的产品都要经过试制。市场试销是在旅游商品正式上市前做的测试,目的是测试旅游商品在消费者中的受欢迎程度。

旅游商品研制出来后,可以通过小范围试销收集市场反应,为旅游商品正式上市做准备。在将旅游商品投放到目标市场内小范围的代表性地区进行试销后,企业才能了解消费者和经销商对于经营、使用和再购买这种旅游商品的实际情况以及市场大小,进而明确了解该产品的市场前景,酌情采取适当对策。

事实上,并不是说任何形式的文化产品都需要经过试销,如一些小批量的文化产品,或者是那些不能复制的文化产品,就可以在生产后直接推向市场。对于市场而言,需要试销的往往是那些大批量生产的、可复制的、产品生命周期比较长的文化产品。

五、市场推广与批量上市

(一)市场推广

旅游商品的市场推广是指企业将旅游商品的信息传递给目标消费者,激发和强化其购买动机,并促使这种购买动机转化为实际购买行为而采取的一系列措施。通常的市场推广形式有旅游商品发布会、广告、展会、路演等,其主要目的是占领目标市场,提升产品知名度,为旅游商品的批量上市做准备。旅游商品上市前,文化企业必须制订出详细的市场营销计划,就旅游商品的市场营销工作做出全面的规划,包括产品价格确定、产品促销方式、产品的流通渠道建设等。同时,文化企业还要考虑是否需要为此建立一个专门的营销组织,独立开展旅游商品的营销活动。

(二)批量上市

批量上市是旅游商品开发的最后一个阶段,旅游商品即将成批投放市场。进入此阶段意味着产品生命周期的开始,旅游商品开始接受市场的真正考验。文化企业在组织旅游商品上市时,要对市场环境进行分析,准确把握时机,精心设计方案,以确保旅游商品成批顺利地进入市场。在这一阶段,文化企业必须做好四项决策。

何时推出旅游商品。文化企业必须分析何时是旅游商品推出的最佳时期。如果是季节性较强的文化产品,旅游商品就应该在消费季节到来之前进入市场;如果旅游商品会影响公司其他产品的销售量,就应延迟推出旅游商品的时间;如果旅游商品还可以进一步改进或可能受到

第五章 旅游商品设计的文化创意理论

经济衰退的影响,文化企业可等一段时间再推出旅游商品。

在何地推出旅游商品。文化企业还需要决定向哪里投放旅游商品,尤其要决定旅游商品在哪个地方推出。能够把旅游商品在全国市场上投放的文化企业并不多,一般先在主要地区的市场推出,以便占有市场,取得立足点,然后再扩大到其他地区。

向谁推出旅游商品。新上市的产品,最先的促销对象常具有如下特征。

（1）喜欢冒险者。

（2）对旅游商品有好感者。

（3）有宣传影响力的舆论领袖。

（4）创新使用者。

（5）大量使用的用户。

企业应当根据产品的市场定位,确定旅游商品的推销对象。[①]

如何推出旅游商品。根据此前的市场营销推广方案,组织具体的营销活动。

---

① 尹泓,练红宇.文化产品开发与经营[M].成都:电子科技大学出版社,2016.

第六章 旅游商品外观设计的文化创意视角研究

从文化体验的目的出发,站在旅游目的地的立场,旅游商品重要的不是实物价值,而是一种虚拟价值,即对特定地域文化的概括与传达;站在旅游者的立场,旅游商品则兼具文化载体、代表地域特征和实用性等多重标准。因此,从文化创意视角来研究旅游商品的外观设计意义重大。本章就对这方面内容展开研究。

第一节 旅游商品设计中的文脉梳理

一、历史资料的收集与鉴别

文化特征是旅游商品引人入胜的重要原因,也是旅游文化属性的本质体现。但是,"文化"本是"人文化成",并非信手可得,只能从文化发展和地域文化积淀的过程中抽丝剥茧,梳理出发展的脉络,进而以具体的旅游商品为载体去展示。

以扬州漆器为例。今天的扬州漆器分为雕漆嵌玉、平磨螺钿、骨石镶嵌、点螺、刻漆、彩绘钩刀、漆砂砚七个类别。产品有屏风、地屏、挂屏、台屏、衣柜、酒柜、电视柜,及各式桌、椅、几、凳、瓶、盘、筒、盒等家具和陈设用品三百多种,并且常常作为国家领导人出访时的国礼。而今,作为国家首批公布的二十四座历史文化名城之一,扬州有兼具南方之秀、北方之雄的私家园林,有久负盛名的传统工艺和淮扬菜肴,还有闻名遐迩的扬州沐浴文化等,丰富的旅游文化资源吸引了大量海内外游客,如

第六章　旅游商品外观设计的文化创意视角研究

何让更多的人了解扬州文化,漆艺旅游商品正是一个很好的载体。[①] 李树(2007)在对江苏省的旅游纪念品设计研究中也指出,旅游纪念品的开发设计必须强化表现旅游地的文化特征。因此,一件取材于扬州优秀文化、设计新颖、做工精致的漆艺商品,不仅能够受到游客的青睐,还能向游客展示扬州文化。以瘦西湖五亭桥为蓝本创作的漆器扇面屏,既能体现漆器的工艺,又能体现扬州特色。

这些技法,不仅给予扬州漆器厚重的文化底蕴,也为扬州漆器注入了可持续发展的潜在生命力和用现代的观念和技法去演绎传统技法和文化的可能。传统工艺和旅游业结合成一条产业链,传统工艺品行业的发展丰富了旅游资源,旅游业的发展又不断为传统工艺品行业带来新的发展契机。旅游商品市场的不断繁荣,使扬州传统漆艺在旅游商品领域的发展空间也随之扩大,漆艺旅游商品的开发与销售给低迷的漆艺行业注入了新鲜的血液。旅游唱戏,文化铸魂,最终构建出漆器文化产业与旅游业的双赢平台。

二、具体概念的视觉化呈现

旅游纪念品不能脱离旅游地的地域性和文化底蕴,也不能脱离现代生活的节奏和视觉呈现的多样化需求。

创新是对传统的继承和弘扬,设计是对时代的尊重和对人本性的迎合。旅游商品作为地域文化的载体,尤其要注重视觉的呈现。游客对扬州漆器的满意度调查显示,48%的游客选择"文化底蕴";对不满意原因的调查显示,"造型"因素占32%,颜色因素占26%。调查显示,扬州漆艺旅游商品在造型和色彩方面过于传统,更有年轻人认为这种类型的漆艺与自己现代化的生活环境不相协调,没有购买的必要。

从器形上看,现今漆艺旅游商品中的台屏、盒的器形都和明清时期的传统样式基本一致。秉承传统固然是重要的,但是,现代人的生活方式已和古代有天壤之别,"千里"款的螺钿漆器在明清时可做盘、盒类日用品,到了现代更多的是作为纯欣赏型的艺术品。对于颜色,漆艺旅游商品的颜色主打传统的红色、黑色两种颜色。

视觉是信息传递最有效的途径。对比日本漆艺与扬州漆艺在当代

[①]　周武忠等.中国当代旅游商品设计研究[M].北京:中国旅游出版社,2014.

的定位与创造,可以看出,传统技艺弘扬,必须将形态元素和文化内涵剥离、提炼,兼顾当下人们生活方式和审美情趣。视觉传达设计的现代性与民族性对话,似乎更以一种"融合与创新"的文化策略去探求设计文化的精神共性。

同为中华民族瑰宝之一的景德镇陶瓷技艺,在其旅游商品开发设计的道路上,产品的形式已经走上了多样化的道路。先不提其最常见的"器皿"类的旅游商品,仅从与现代生活的关联度去看,清华大学百年校庆的纪念品中,就有青花瓷主题的U盘、鼠标、圆珠笔、钢笔等与现代生活息息相关的物品;借助于周杰伦的一曲《青花瓷》,青花元素不断走进人们的视线,时装、酒瓶等带来了青花文化在视觉上和感官上的新体验。

对传统文化艺术的重视,需要对民族文化和本土文化的再认识,也是在全球化背景下对地域文化和民族身份的认同。旅游商品的设计,的确要注意对艺术本源风格的传承。但是,传承并不是守旧僵化的代名词,传统文化元素和地域特征作为一个国家、民族或者一个地域理性和智慧的积淀,对现代设计的发展总有多方面的启迪。这既是传统得以成为传统而不被历史之河所湮灭的缘由,更是我们了解、学习和开掘传统文化和地域文化的内在根据之所在。设计作为一种文化形态,势必完全渗透到社会生活的每个角落才能具有生命力,那么怎样才能在视觉传达设计中将各种文化传统元素进行延伸与突破,并能够与之有机地融为一体,这是我们每个人应该思考的问题。

三、细节处理体现的设计意味

管理学上有句名言:细节决定成败。一件优秀的旅游商品必须是优美的外部造型与内在精神的统一,这就对我们的商品设计提出了更高的艺术化标准,即"设计时要考虑所设计产品的艺术性,使它的造型具有恰当的审美特征和较高的艺术品位,从而给人以美感享受"。这种美感的艺术表达可以具体到形式美、色彩美和装饰美等细节。

旅游商品是一种高附加值的商品。这种高附加值正是地域文化所赋予的。失去地域文化,旅游纪念品的内在价值就会丧失。地域文化即为旅游商品的"内在精神",需要由内而外地抒发展示。这就需要我们从地域文化中选择出代表性视觉元素,进而抽象、糅合、再创作。

如苏州博物馆的纪念品设计中,以苏州博物馆馆藏精品为题材的旅游商品,不仅设计精巧、造型古朴典雅、体量适中,还能兼顾我们的现代生活,例如以文徵明《漪澜竹石图》为装饰画的 iPhone5/5S 手机壳、以明代文人风尚设计做成的鼠标手垫、办公室与卧室香囊"文兰苏香"、以苏州博物馆馆徽 LOGO 设计的帆布包、以馆藏精品画《景泰花鸟台面》为题材的丝巾等,无不由内而外地散发出苏州风格的雅致与精巧。最令人惊讶的是,苏州博物馆在淘宝网开设了官方网店,不再忌讳自己的设计被别人模仿,也不再高声吆喝"走过路过不要错过"。旅游纪念品的设计,实质上是一种文化的设计。人们可以模仿设计的理念,然而产品中所具有的文化内涵却是无法被抄袭的。

遗产的形成既是文化的建构,又是历史的偶然。文化遗产作为人类悠久历史积淀与民族文化传承的载体,凝聚了丰富的物质文明和精神文明成果,成为现代人类学习和吸纳传统文明创造和历史文化价值的直接渠道。也正是文化遗产所附着的这种历史文化价值吸引了众多游客纷至沓来,为古老文明的厚重与魅力所惊叹和折服。现存的文化遗产作为珍贵的旅游资源,亦是旅游商品设计的灵感来源和精神内核,因此对文化遗产的供需情况进行详尽细致的信息采集和调研总结,挖掘和分析其文化内涵和精神价值,将有助于厘清旅游商品设计的理念思路,将历史意义与文化特质融入旅游商品中,使其既能够满足游客需求,实现其交换价值,又能够体现商品本身存在的文化传承和精神传递价值。

第二节　旅游商品外观设计创意方法论

一、图文表达

图文表达法,是旅游商品设计创意过程中,最实用最便捷的方法。它以图示文述的形式,通过线条、图形、符号、颜色、文字、数字等视觉元素,将想法和信息快速摘要式记录下来,成为一件可以交流讨论的旅游商品设计方案草图。

图文表达法不受场地、器材、工具的限制,充分发挥人脑和手与生俱来的协调默契互动关系,具有随意性、发散性、逻辑推理性、归整性、系统性等多项特点。大脑思维指挥手绘草图,草图又促使大脑进一步思维。虽然今天功能强大的 CAD(Computer Aided Design)软件比比皆是，但计算机绝不是设计。在创意方面，计算机永远不能代替人的大脑和手绘表达。①

在新旅游商品方案拟定初始阶段，图文表达法效果最显著，同时更能展现设计师个人的能力和才华。

二、联想变化

联想变化法，是创意元素工作中，梳理有价值、有规律方案最常用的方法。它包括逻辑推理法、优劣比较法、发散收敛法、构成变化法（分解、组合）等，是各种常用的方法论方法学在旅游商品设计领域的具体应用形式。

有过理工科（理性思维）和人文学科（感性思维）基础训练经历的专业人员，都很容易在旅游商品设计实践过程中琢磨、感悟、领会、掌握、应用这种系统的方法。联想变化法的最佳工作环境是集体讨论（ seminar ），达到群策群力，集智广益，"三个臭皮匠胜过一个诸葛亮"，对构建良好的团队设计文化也有非常好的助推意义。

三、功能穷尽

与艺术品、工艺品相比，旅游商品的最大不同之处，是具有协助或替换人的脑力劳动或体力劳动的功能。工业设计指导旅游商品设计的最大理念"形态服务于功能"就是这个道理。功能是旅游商品的最主要属性。由于使用要求不同，旅游商品（设计）的功能可谓千变万化，因物而异。

功能穷尽法，就是把旅游商品能实现的所有功能全部罗列出，列出人们期望旅游商品所要完成的各种可能功能，今后可能升级换代的新功能，以及人们在操作使用旅游商品与旅游商品交互的各种方式等。在设计中，人们可以通过一些直观的图表来显示产品的各种功能与优缺点，找到该旅游商品的不足之处，从而进行创意层面的弥补，这些都可以称为旅游商品创意设计的灵感来源。功能穷尽法是企业潜心市场调研分析的有效方法和程序。通过功能穷尽法，很容易发现市场的商机，开发

---

① 虞世鸣著.创意元素与产品设计[M].北京：中国轻工业出版社，2008.

设计对用户既熟悉又有卖点的旅游商品。

四、逆向思维

思维是连贯的,思维需要耗费能量,因此思维具有惯性定式和疲劳停滞等固有的特点。这些特点,会影响创意的正常开展,甚至干扰企业的旅游商品设计研发工作。

逆向思维法,是从反向提出问题、思考问题。它以全新的认知观,乃至从截然相反的出发点,来全面审视旅游商品设计工作流程。这种方法的核心是以对立的、颠倒的角度去想问题。

我们常说的"审美观"就是在万草丛中,首先关注发现其中盛开的鲜花。若换一个角度,是否尝试持有"审丑观",把思维的焦点,会聚到万草丛中培育花草的土壤肥料、气候环境,支撑花蕾的根茎枝叶。相比鲜花,会认识和发现,土壤肯定谈不上"美"。但是,审视土壤,改变正常的思维定式,影响植物生长,影响鲜花盛开,相互关联的原来有一个大系统。

市场上热销的旅游商品如同鲜花,易于发现、令人羡慕。花香袭人,也易使人沉沉欲醉,迷失方向。如果换向思维,会发现旅游商品热销盛时后可能就是衰退,还有许多同行的虎视眈眈。另外,再成功的旅游商品也不可能十全十美。换向思维,以"审丑观"的理念,心态平静,从最基本的工作做起,很可能发现旅游商品的缺陷及新旅游商品的雏形。在拟定旅游商品方案的初始阶段,以及企业成为行业"龙头"后,要继续开发出领先市场的崭新旅游商品,采用逆向思维法,往往会有不同寻常意想不到的奇迹出现。

五、文化溯源

文化(民族性的),是一个国家不断发展,立于世界之林的基础。文化,也是一个企业不断发展,立于市场之林的基础。

"民族的文化就是世界文化"。由此可以推论,"有民族文化的旅游商品就是市场特色的,世界上任何一种(系列)深入市场长盛不衰的旅游商品,都无不带有深厚民族文化特点的烙印。德国旅游商品对技术和质量一丝不苟的严谨极致;日本旅游商品推崇的节约可靠性;韩国旅游商品充分挖掘材料半成品的二次加工附加值;中国明清家具整体形态所包含的"天地人"合一的文化体系,都为人类文明发展树立了一个又一个里程碑。

文化溯源法,是对古今中外的一类旅游商品、一组旅游商品、相关群旅游商品,进行完整、全面、彻底的资料收集、整理、对比、归纳,获得旅游商品发展的脉络和轨迹,特别是旅游商品的第一个雏形,最原始的萌芽理念。分析古人发明旅游商品原始动机或意图,梳理原始动机或意图的各种主观客观因素,特别是当时的文化因素。

春秋战国时期,中原七雄割据,史料记载各国的冷兵器型制外观相当,秦国只是其中的一个小国。但是,对秦始皇兵马俑考古分析发现,秦军弩箭的三刃箭头形状,与现代空气动力学飞行器最优曲线形状几乎完全一致!史学家司马迁《史记》所记载的"轻兵",就是指携带弓弩的骑兵。配备有当时世界上弹道最准、飞行距离最远弩箭的秦军"轻兵",最后成为以少胜多、以弱胜强,打败七雄中最大赵国的关键。根据模拟实验,射程300米,有效杀伤距离150米。而一般手持弓箭有效杀伤射程小于80米。勇往直前、论功行赏、骁勇善战、"研发"最先进的武器等,秦始皇于公元前221年统一了中国,也是流传千古的文化遗产。

今天,学习文化溯源法,目的在于培养一种学习的观念和方法。同时,用文化溯源法,在浩瀚的文献资料中查找、收集、整理数据过程中,可以磨炼吃苦耐劳、不畏艰难的意志品质。

六、顺藤摸瓜

顺藤摸瓜法,也称"拔萝卜"法。露在地表面的叶子只是萝卜整体的上端小部分,并不起眼。顺着叶子,拨开泥土,才能见到萝卜(其实是萝卜的茎)。拔起萝卜,还可以看到茎下面,长有许多长短粗细不一的,为萝卜输送不同养分的根须。根须是萝卜生长的关键。茎和根须才是萝卜的庐山真面目。

在琳琅满目、眼花缭乱、激烈竞争的家电市场上,开发设计新旅游商品,谈何容易!现今,电磁炉因其清洁、环保、卫生的特点,深受打工族、办公族、年青一代的青睐。不过,如何在无以计数的电磁炉市场上设计新颖的旅游商品,挑战性极大。

其实,电磁炉是一种炊具。如果把有炊具功能的所有旅游商品调研规整一下，可以发现一片巨大的天地。炒锅、压力锅、煤气灶、微波炉、电磁灶、烤箱、电饭煲、电水壶，等等，还有农村烧柴的灶台。城市中炊具的能源，来自电力和煤气、天然气和少量的煤。因此，所有炊具的功能和原理、优缺点，对电磁炉的开发，都是有益的参考内容。当然，也必须考虑国内外材料的新发展和新工艺。

综合所有上述内容，是开发新颖电磁炉的必须程序。需要强调的是，上述介绍的几种方法，只是为读者提供不同的学习、尝试、实践的思路。各种方法不是独立的，而是有机关联的。创意活动是知识学习、经验积累、市场竞争、好问探索的交叉反复，以及集体智慧的大融合。

第三节　旅游商品形态设计创新方法

在全球经济一体化，知识经济大发展的浪潮下，国际商品贸易竞争日益激烈，这种竞争逐渐由单纯的技术领先、价格优势等因素，转换为经济、社会、文化等综合因素的竞争。文化创意旅游商品正是以"文化"为核心，突出对文化进行深加工并通过"创意"与现今的生活方式相结合，从而满足人们高层次的需求，达到在国际商品竞争中制胜的目的。我国具有丰富的"文化"资源，如何将这些资源转换为极具竞争力的文化创意商品，这就需要利用创意方法并经由一定的过程才能得以实现。

一、水平思维法

由英国的爱德华·德·波诺提出来的并收入世界著名权威辞书《牛津英语词典》的水平思维，其定义为："通过非正统或明显不合逻辑的方法来试图解决问题"。提出水平思维法，依据事物存在的两种现象：一是在事前看来合理的，事后看来却不合理；二是在事后看来合理的，事前看来却不合逻辑。正统的逻辑思维解释不了这个现象，所以需要水平思维法去解决。

水平思维法与逻辑思维法不同。"水平思维注重考虑事物多种选择的可能性，而不是过多考虑事物的确定性；注重提出新观点，而不重于修补旧观念；注重追求事物的丰富性，而不是一味追求事物的正确性。"逻辑思维是垂直的、系统的、线性的、连续的，而水平思维是水平的、非系统的、非线性的、不连续的、非逻辑的。逻辑思维关注"事实"和"是什么",水平思维关注"可能性"和"可能是什么"。水平思维法,是注重事物多种可能性、用来改变传统理念并产生新的理念、激发人的智力潜能的思维工具。①

(一)创造性质疑法

创造性质疑是水平思维法的重要内容之一。创造性质疑挑战的是行事的唯一性,即:不管现在做事的方式有多出色,它是不是做这件事的唯一方法呢?人们通常认为现存的行事方法是最好的方法。这个观点的根据如下:现有方法随着时间的流逝被人们保存下来,它经受了时间的考验;现有方法已经使用了一段时间,它的缺点已被改正;现有方法是逐步改进的结果,已排除了与之竞争的其他不是最好的方法;现有方法是从许多可能性中选出的最好方法;现有方法如果不是最好,它早就被其他方法替代了。

创造性质疑拒绝接受以上观点逻辑,认为:被保存下来,经受了时间考验的方法,未必是最好的方法;现有方法在使用中诸多缺点已被改正,不等于它就完全没有了缺点;现有方法在竞争中排除了其他方法,但未必排除净了其他方法;现有方法从许多可能性中选出来,但可能性是无穷的,未必不存在更好的可能性;现有方法尚未被其他方法替代并不意味着不存在更好的方法,未必不存在被更好的方法替代的可能性;现有方法只是由于各种原因恰好被采用的方法,未必是最好的方法。

创造性质疑不是单纯的消极的怀疑、批判、否定,而是建设性的积极的怀疑、批评和否定。它常常通过列举现有方法的缺点和列举希望点等方法来打破现有方法的唯一性,寻找实现更好的方法的可能性。创意的第一个基本规程为提出问题,提出问题的路径之一是创造性质疑。创意的第二个基本规程为创意酝酿,创意酝酿的内容之一是否定旧编码旧图式,否定旧编码旧图式也需要创造性质疑。

---

① 江奔东.文化产业创意学[M].济南:泰山出版社,2009.

（二）关注点法

关注点是水平思维法的另一个重要内容。所谓关注点，是指创意主体在某一创意命题中思维的注意力集中并刻意努力的点。创意关注点，依创意命题或创意内容的不同分为各种相应的类型。比如在广大发展中国家发展文化产业总体规划的措施中，把创意人才短缺作为一个关注点，提出若干加速人才培养的建议，这样形成的总体规划就可能显得很有创意。

这里所讲的关注点，从哲学方法论上就是抓主要矛盾和矛盾的主要方面的思想方法在创新性思维中的运用。前面所讲的"用简单的办法处理复杂的问题"的思想方法在创意关注点中也有一定的体现。创新性思维不可"眉毛胡子一把抓"，不能"不分西瓜与芝麻"，要运用缺点列举、希望点列举和其他判断方法选择选准关注点，选择选准创意的突破口。在实践中，有许多因关注点正确生成了创意或创意效率较高的案例。认真研究创意案例中的创意关注点，对于提高创意水平是很有用处的。

二、想象思维法

所谓想象思维法，是在原有感性事物（形象）的基础上创造出新的事物（形象）的思维方法。比如，作家在其小说中塑造人物形象，工人看过技术图纸对旅游商品部件形状的想象，经济学家依据经济规律对未来可能发生的经济现象的想象。人能通过已经积累的知觉和知识材料，经过大脑加工，想象出从未感知过的现实中并不存在尚未发生的新的事物（形象）。想象是创意经常使用的思维工具。

（一）联想法

联想是指由一事物想到另一事物的想象思维形式，包括由当前的事物回忆起相关的另一事物，由想起的一件事物又想起另外一件事物。客观事物总是相互联系的，事物之间有时空相近、特征相似、相互对立、原因结果等不同的联系方式。这些联系方式反映在大脑思维上就是联想。在文化产业创意中主动地通过联想进行想象是不可缺少的方法。

第29届奥林匹克运动会吉祥物福娃的创意运用了想象法，并且是多重联想：一是五个福娃的名字为贝贝、晶晶、欢欢、迎迎和妮妮，把五个娃娃的名字连起来即汉语的谐音"北京欢迎你"；二是五个福娃的色彩贝贝为蓝色，晶晶为黑色，欢欢为红色，迎迎为黄色，妮妮为绿色，与奥运五环标志的颜色相对应；三是每位福娃形象设计采用了古老东方文化元素，寓意美好，向世界传递了友谊、和平、进步、和谐的良好祝愿。贝贝为鱼，使用了中国新石器时代的鱼纹样和水浪纹，象征吉庆有余、年年有余，代表了繁荣与收获。晶晶为憨态可掬的大熊猫，采用了宋代瓷器莲花造型，象征给人们带来欢乐，人与自然和谐相处。欢欢为火娃，采用了敦煌壁画中的火焰纹样，象征圣火和炽热的激情，表达了更快、更高、更强的奥林匹克精神。迎迎为一只机敏灵活的藏羚羊，纹样融入了青藏高原和新疆等中国西部的装饰艺术风格，象征了身手敏捷。妮妮为北京沙燕风筝，象征把春天的喜悦带给人们。

活字印刷是中国古代四大发明之一，在北京奥运会的开幕式艺术表演中，有一节反映活字跳动的巨型表演，再现了中国古代科技文明，这段节目的创意，充分应用了联想法。科幻巨片《侏罗纪公园》的编创者，通过恐龙蛋化石群的信息，想到恐龙复活将在社会上引起的反响的奇思妙想，也是运用了联想想象创意方法。

（二）类比法

类比法，是指根据两个对象某些属性的相同，推出它们其他也可能相同的推理。类比法在创意中经常用到，为否定点、希望点或新假说提供发生认识的新途径，成为创意生成的一个工具。类比法有两个特点：一是类比的前提由两个或两类对象的比较构成；二是类比前提与结论的联系是或然的。类比的可靠程度取决于三点：一是类比对象之间相同的属性越多，类比结论越可靠；二是类比中相同属性越是接近本质，类比结论越可靠；三是类比对象的相同属性与类推的属性之间越具有必然联系，类比结论越可靠。

类比法具有多种具体形式，并且与提喻法等交叉重叠，属于广谱性创意方法。拟人类比、仿生类比、象征类比、幻想类比等在文化产业创意中均有成功的表现。在此须申明的是，类比的可靠性在科学研究中非常重要，但在文化产业（特别是文学艺术）创意中并非特别重要。当今的地球自然生态已经不可能使恐龙复活，但并不妨碍人们用幻想类比创意出《侏罗纪公园》中恐龙复活后的人间百态。这是因为,类比是一种想象与联想,只要类比产生了不同于以往的新的事物、图像或表现形式,创意就生成了。

科学研究中和文化艺术品创意中运用类比法的目的要求具有根本性的区别,在文化产业创意中运用类比法时要注意到这个区别。通俗地讲,在科学研究创新中不能"乱比",而在文化产业创意(特别是文学艺术品创意)中允许"乱比",越是"乱比"可能会生成越奇妙的创意。比如,小鸡从破壳的鸡蛋中爬出象征新生命的诞生,在鸡蛋破壳的缝隙中生长出一个豆芽,再把鸡蛋想象成一个篮球,一颗种子的幼芽从篮球破裂的缝隙中长出,岂不也是新生命的象征吗?这样的艺术设计作品,人们不管怎么样去解读都不失为一个奇思妙想的创意作品。

第七章 旅游商品营销设计的文化创意视角研究

旅游商品营销设计对于商品的市场销量影响比较大。这是因为,旅游商品如果营销设计巧妙,别出心裁,那么就会极大地吸引消费者的兴趣,从而获得较好的市场销量。反之,往往会导致旅游商品销量不尽如人意。近年来,人们往往在旅游商品营销设计中加入文化元素,从文化创意视角展开设计,取得了可喜的效果。本章主要研究旅游商品营销设计的文化创意视角。

第一节 旅游商品购物环境设计

一、游客感知下的旅游商品购物环境现状

(一)旅游购物环境构成

可以把旅游购物市场看成基于"基本活动"形成的"供给体系"和基于"辅助活动"形成的"支撑体系"两者共同组成的有机体。其中,"供给体系"由旅游商品供给环境、旅游购物设施环境、旅游购物服务环境等构成;"支撑体系"则由购物基础设施环境、购物配套设施环境和旅游购物竞争环境等构成(图7-1)。

旅游商品供给环境。从旅游者购买旅游商品的目的来看,其购买行为又可用"附属"购买行为和"专属"购买行为来划分。"附属"购买行为对旅游商品的购买可以称为"旅游购物",它是旅游者众多旅游活动行为中的辅助性或纪念性质的购买行为,在此过程中,旅游商品更多体现出的是它的纪念意义,而不是作为核心吸引物而存在。而"专属"购

第七章 旅游商品营销设计的文化创意视角研究

买行为是以旅游商品的购买为主,附带产生其他旅游行为的旅游活动,也被称为"购物旅游",它是一种以到异地购买各种实物商品为主要目的的旅游形态。在这个过程中,旅游商品不再被当成纪念性商品,而是作为购物旅游目的地的核心吸引物而存在。然而,无论在旅游购物还是购物旅游活动中,旅游者对所要购买商品的种类、档次、质量、价格、实用性和保值性等都十分看重。

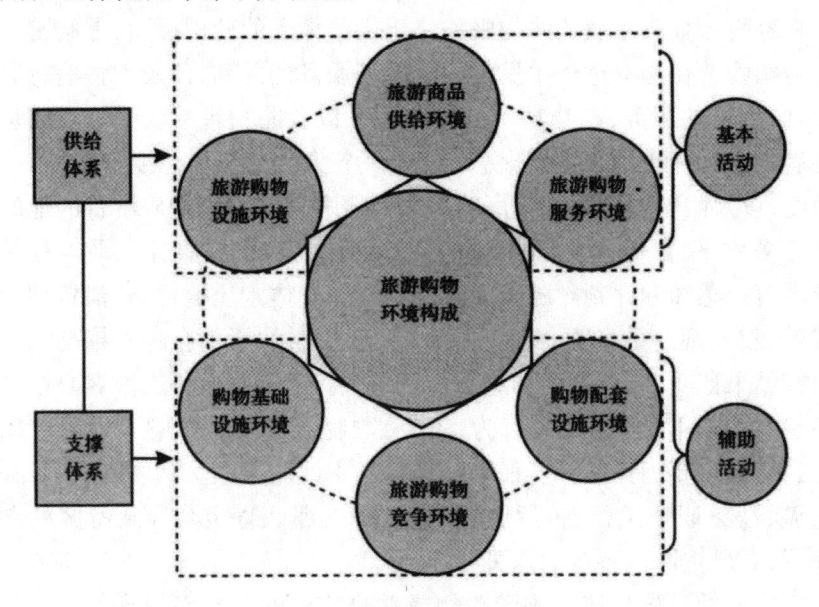

图 7-1 旅游购物环境构成图[1]

旅游购物设施环境。购物环境是指旅游目的地为旅游者创造和提供的购物环境氛围,是影响旅游者购物活动的各因素的集合,是旅游者用于判断旅游目的地质量的重要指标,具体又可分为宏观环境和微观环境。宏观环境是指旅游目的地的一些社会力量,包括政治环境、经济环境、文化环境、治安环境等;微观环境指直接影响旅游者购买行为的各种因素,如购物场所数量、环境、容纳量等。而从对购物者购物过程的影响来看,微观环境也即购物设施环境更能够为购物者感知,影响也更为直接。如,购物场所数量反映了目的地旅游购物环境的整体水平,是旅游环境"量"的体现;购物场所环境反映了目的地旅游购物环境的质量,是旅游环境"质"的体现;购物场所容纳量一定程度上反映了购物环境

---

[1] 周武忠等.中国当代旅游商品设计研究[M].北京:中国旅游出版社,2014.

的适宜度等。

这些因素对购物者的购物行为的影响力度在已有的研究成果中也得到了体现,如 Atila Yiiksel 的研究认为,购物场所的环境会对游客的购物情绪产生深远的影响,从而影响游客的购物行为及购物价值。孙治等的研究指出,独特的建筑结构、购物设施的个性化设计和购物商品的精心布局都会增加游客的新鲜感。

旅游购物服务环境。购物服务属于供给体系的软件层面,是旅游目的地为购物者在购物过程中提供的一系列服务的总和,涉及购物信息服务,导游人员的服务,购物场所的导购服务以及购物售后服务等。而从旅游者的感知角度看,购物服务态度即服务人员的工作态度、对顾客的热情度,以及购物场所的诚信度等和购物服务水平即购物旅游目的地的信息服务水平,服务人员的知识水平、接待水平、售后服务水平等最易为游客直接感知和评判。随着旅游消费群体整体素质的提高,消费理念的成熟,权益观念的增强,其对服务水平和质量的要求会越来越高。很多研究结果证明,高质量购物服务可以有效提升购物中心在游客心中的形象,影响他们的购买决策行为,可见,购物服务也是影响入境游客购物满意度的重要因素之一。如果购物商场中的服务人员素质低下、服务质量差,缺乏职业道德、售后服务不到位等,那么肯定会导致游客的购物投诉,并严重影响游客的购买行为。

购物基础设施环境。旅游购物或购物旅游的开展必须具备一定的基础条件,而这些基础条件既涉及目的地的城市建设基础设施和公共配套设施等反映城市经济发展水平的"硬环境",又涉及反映城市历史和文化特征的"软环境"。城市基础设施的建设不仅为城市自身的运转服务,也为城市旅游的发展提供良好的基础。旅游业"食、住、行、游、购、娱"六要素的发展都需要城市基础设施的完善和带动。从购物旅游角度看,同水电等能源设施相比,目的地的区位条件是否优越、内外交通是否便利、城市经济发展水平及城市环境质量如何等"硬环境"实力更容易被购物者直接感知和评判,尤其是旅游目的地的交通便利程度和周边配套设施对购物者的购物行为有着重要的影响。同时,如同 Kinley TR 所认为的"地方文化特征和独特的建筑风貌最能够增加购物地对购物者的吸引力"一样,目的地城市的历史文化底蕴、地方文化特征及当地居民的友善态度等"软环境"实力同样会影响购物者的购物满意度和

第七章 旅游商品营销设计的文化创意视角研究

对旅游目的地的评价。[①]

购物配套设施环境。这里的配套环境并非一般所指的旅游配套设施,而是指一切为游客购物服务的相关配套环境和配套服务,包括硬环境和软环境两个层面。硬环境涉及食宿与娱乐设施和目的地旅游资源丰裕度等;软环境则涉及诸如购物管理水平、旅游商品研发水平、旅游营销推广力度等相关配套服务以及目的地形象与口碑等。从"硬环境"角度看,作为游客购物最基本的配套设施和服务,舒适的住宿条件、美味的餐饮和丰富的娱乐设施能够大大增加旅游目的地的吸引力,增强游客的购物满意度。因此世界上的大型购物中心都有把餐饮、娱乐同购物融合的趋势。同时,旅游目的地丰富和高品位的自然和人文旅游资源不仅能够增加当地的旅游吸引力,而且能够增加当地旅游商品的吸引力,促进游客的购买欲望;从"软环境"角度看,旅游商品的研发水平、购物管理水平、旅游商品营销推广力度、目的地形象与口碑等,这些都是旅游目的地核心竞争力的关键要素,是必须要给予足够重视的。

旅游购物竞争环境。竞争战略就是一个企业在同一使用价值的竞争上采取进攻或防守行为,一般采用的有总成本领先战略、差异化战略和集中化战略三种。对于旅游目的地或旅游企业来说,差异化战略是增强竞争优势最为有效的手段之一。这种战略的重点是旅游产品和服务的创新,它可以培养旅游者对目的地的满意度和忠诚度。对旅游目的地而言,旅游产品差异化程度越高,则其对旅游者的吸引力就越强,垄断力就越高。因此,突出旅游目的地旅游商品的主题和特色,提高与其他旅游目的地产品的区分度是提升其旅游商品产业核心竞争力的重要举措。同时,旅游目的地与邻近旅游目的地之间的空间距离和交通便利程度等因素对其竞争力的大小也有着重要影响。

一般而言,同质化程度较高的两个目的地之间如果空间距离过近,往往会出现恶性竞争的局面,结局必然是两败俱伤;差异化程度较高或互补性较好的两个目的地之间如果空间距离较近或交通较为便利,则更易出现良性竞争和互利双赢的局面。例如,中国香港和澳门在旅游产品定位上有着明显的差异,香港是享誉世界的购物天堂,而澳门则被誉为"世界旅游休闲中心",两个城市在旅游商品产业上也都拥有自己独一无二的特色和优势,空间上的短距离和便利的交通反而使二者在旅游发展

---

① 朱青晓,王忠丽.旅游规划原理[M].郑州:河南大学出版社,2013.

中形成了互利互补的双赢局面,成为共生共荣的世界知名旅游目的地。

（二）游客感知下的旅游购物环境现状

虽然与中国香港、新加坡、法国巴黎等购物名城相比,离国际知名"购物天堂"仍有不小差距,但是以义乌为代表的这类购物旅游城市,其旅游商品产业的发展情况体现着中国旅游商品产业的整体运行状况,也代表着中国旅游商品产业今后的发展趋势。2009年,国家旅游局把国家旅游商品研发中心设在了义乌市创意园内,体现了国家对旅游商品研发的高度重视,同时表明了义乌旅游商品产业的发展对整个中国旅游商品产业市场具有重要的影响力。

二、旅游购物环境的优化设计——以义乌国际商贸城购物旅游景区为例

（一）义乌旅游商品产业现状

作为义乌开发购物旅游的核心载体,义乌国际商贸城是目前世界单体面积最大的商品批发市场,被评为浙江省最具人气的十大景点之一。"推荐商位"与"旅游购物中心"的结合形成了义乌购物旅游的基本模式。2005年义乌国际商贸城被国家旅游局授予中国首个4A级购物旅游景区。通过多年的建设,现在购物区范围已经从原来的两个区扩展为五个区,景区经营面积由原来的140万平方米扩大为360万平方米,商位达到5万个,经营主体超过6万户。先后开发出10条购物旅游特色街区,开放10条特色旅游购物线路,购物旅游推荐商位也达到了5000余个。其中,建筑面积2.6万平方米的旅游购物中心是国内最大的集购、娱、体验等多功能于一身的旅游购物商场之一。自2009年起,景区每年举办购物旅游节、红酒节、啤酒节等活动,极大地丰富了旅游购物服务内涵。在旅游购物服务设施方面,进行了如下设施的完善。

（1）先后建起了一个功能齐全的游客服务中心,五个市场旅游接待点,一家100座4D影院和一座中国小商品城发展历史陈列馆。

（2）设置了100台商务导购导游触摸屏。

（3）开通了景区交通线路,投放了景区免费公交车等。

(二)义乌旅游购物环境优化升级对策

1. 强化旅游商品的供给

香港之所以拥有"购物天堂"的美誉,是因为在香港购物的旅游者可以买到世界各地琳琅满目的商品,如衣服鞋帽、钟表珠宝、摄影器材、家庭电器,甚至各种意想不到的物品,这使得各地购物者常来常往,乐此不疲。由此可见,商品本身因素在很大程度上决定了购物地的吸引力。调查显示,从游前重视度来看,游客对义乌旅游商品的生产和供给,即商品种类、质量、价格等反映旅游商品特质的因素的重视程度最高。而从现场购物的实际体验看,游客对旅游商品的生产和供给的感知倾向于"一般",隶属度为0.262,略高于"满意"(0.246)和"不太满意"(0.231)的隶属度。这表明,一方面游客对义乌市场上旅游商品的种类、价格、实用性、创新型等有着一定的认同感,但同时认为义乌在旅游商品的档次、质量和保值性等方面的缺点也非常明显,感知均为"不太满意"。义乌旅游商品既有自身的优势,如物美价廉,又存在一定的劣势,如档次低,质量、保值性差,因此,如何改变其劣势,增加旅游者的购买欲望,提升义乌整体购物水平就成为义乌旅游业的核心工作内容。

(1)精心识别核心旅游商品。义乌小商品种类繁多,根据商务部下发的《小商品分类与代码》,义乌市场有16个大类、4202个种类、170多万种单品,市场经营户超过17万户。购物者受精力所限不可能,也不会逛遍义乌市场上的所有商品,因而需要在有限的时间内让购物者见识到能激起其购买欲望的商品。根据对义乌市场上游客购物意愿的调查,27%的游客选择旅游食品,23%的游客选择旅游纪念品和工艺品,33%的游客选择文物古玩与旅游文化用品,17%的游客选择旅游日用品。具体到旅游商品单品来说,游客对于义乌市场上的饰品、袜类、工艺品等拥有义乌产地优势和价格优势的特色商品特别感兴趣。从目前旅游购物中心的旅游商品布局来看,商品种类非常齐全,游客的可选择性也很强,典型的大而全,但是也存在着一些并不具有义乌特色和优势的商品种类,比如鞋子、衣服等商品。从这些商品的市场竞争力看,和其他大型购物商场相比,并不具备品牌和质量优势,摆在那边长时间无人问津,反倒给游客一种既不像一般性的商场,又不像旅游购物中心的感觉。

(2)实施"一类一品"战略。"一类一品"战略旨在充分利用义乌本地产业簇群的独特资源,培育和扶持一些大类商品中个别特色产品,以提高义乌旅游商品的识别度和竞争力。

2. 完善购物空间的布局

一个成熟的旅游购物空间应该是"点""街""面"结合。对于义乌而言,应该打造点、街、面构成的购物空间体系。"点"可以依托现有四区的购物旅游中心。该中心是国际商贸城发展较为成熟的集接待、观光、购物于一体的游购中心,也是义乌近年来着力打造的一个大型购物试点,使义乌在购物空间的布局上摆脱了"星星满天、独缺月亮"的不利局面;"街"可以依托现有的特色商品街区打造诸如箱包购物特色街、玩具购物特色街、化妆品购物特色街、进口商品街(馆)、篁园服装专业市场等特色购物旅游街区;"面"可以充分利用分散于市场中的5000余个"购物旅游推荐商位"。点、街、面的购物空间格局覆盖了义乌市场上的各个行业,可以迎合不同消费偏爱的购物者。

3. 合理组织购物线路

在内部游购线路的设计时应尽量避免出现让客人"走回头路"的情形。此外,应考虑游客的心理、精力和兴趣,为游客的整个购物体验设计出一个渐入佳境的线路,旅行线路顺序安排应该富于节奏感,应当有序幕—发展—高潮—尾声。比如,义乌购物旅游的一条主线可以选择从一区的玩具、饰品和工艺品选购开始,随后至二区的箱包专区和三区的化妆品、文体用品区,至四区的袜类及大型购物中心时达到一个购物消费的高潮,最后再至五区的进口商品馆体验一下异国的风情文化。其中四区作为购物线上的高潮点,进口商品馆作为购物的收尾点,一区至三区可以根据游客的购物需求情况适度选择。

第二节 基于"故事性"体验的旅游商品销售设计

一、视听触味嗅五感并重的营销空间

作为旅游购物的重要载体,旅游商品营销空间的设计应充分考虑购物者的感官体验,从视觉、听觉、触觉、味觉与嗅觉等角度营造一个对购

第七章 旅游商品营销设计的文化创意视角研究

物者充满诱惑和吸引力的购物场所,提升购物者的购买欲望和购物满意度。

(一)视觉——以"色"悦人

视觉是物体的影像刺激眼睛视网膜所产生的感觉。视觉营销就是商家通过其产品标志、色彩、图片、广告、店堂、橱窗、陈列等一系列的视觉展现,向顾客传达产品信息、服务理念和品牌文化,达到促进商品销售,树立品牌形象的一种营销方式。一些知名企业在视觉营销上的成功不仅提升了其产品知名度,促进了销售,还成功塑造了其品牌个性。比如,当在繁华的街道上看到金黄色的"M"、简约的"V"、被咬掉一口的苹果等招牌时,我们很快就能联想到"麦当劳""耐克"和"苹果"。这与我们常常通过视觉获得对事物的第一印象分不开。利用这一特征,国内一家企划机构蓝之象提出了"视觉营销攻略",即通过煽动性、创意性、仪式性的"色彩"与"造型"刺激人的大脑,引导人们在第一时间(0.7秒内)做出反应、判断、选择后,将兴趣点落在产品上,并且在1.3秒内留下第一印象。当今世界的知名企业中,把视觉营销做到极致且取得巨大成功的非苹果公司莫属。以苹果专卖店的设计为例,当我们远观苹果专卖店的建筑时会被它独特的玻璃和曲线的完美结合所吸引;走近它时,会被它华丽的线条,透明的设计,先进的工艺,昂贵的造价所吸引;走进店里,又会被醒目的LOGO,简约大方的店面布置,高贵的白色和稳重的黑色为主的色调搭配,独特的玻璃楼梯设计,独具匠心的产品摆设和整体营造的科技氛围而深深吸引。苹果公司对自己的产品进行精心设计,这成为苹果产品的一种外在包装,人们不仅可以享受视觉上的美感,而且还对苹果公司的产品魂牵梦绕,让人们产生强烈的购买欲望。

(二)听觉——以"声"动人

听觉是声波振动耳朵鼓膜所产生的感觉。听觉营销是指在企业或产品营销中心,利用美妙或独特的音乐或声音,吸引消费者的听觉关注,并在消费者的心目中形成独特的声音符号的一种营销方式。在我们生活中曾经无数次听到一些声音,比如摩托罗拉手机的"Hell Mot"铃声,诺基亚手机的《Nokia Tune》(诺基亚旋律)铃声,恒源祥的"恒源祥,羊羊羊"广告语,以及脑白金的"今年过节不收礼,收礼只收脑白金"的广告语,等等。听到这些声音,我们一定会与相应的产品联系起来,而且一定不会出现张冠李戴的错误。这就说明,这些声音已经与特定的产品紧密联系起来,甚至已经成为某个产品特定的声音符号。

在一些公共场所,如商场、超市、酒店、餐厅、咖啡厅等也会经常播放一些背景音乐,但是这种声音或音乐一般是非鉴赏性音乐,也即音乐或声音本身与主体的行为意识之间没有直接的关联,更多的是营造一种与场所相适应的特殊氛围,而又不妨碍人们的主要意识活动。比如,餐厅中的背景音乐能增加用餐者的食欲,商场的音乐能勾起人们的购买欲望,咖啡厅低沉的音乐能让人们静静享受那曼妙的一刻休闲,等等。而一些特殊的声音符号也已经成为一些地方的标志性符号,比如听到黄梅戏的腔调我们就会想到安徽,秦腔往往使我们想起陕西,"刘三姐歌谣"往往使我们遥想广西,等等。

作为旅游购物场所,适当的音乐搭配可以营造舒心的购物氛围,促进商品的销售。比如像义乌国际商贸城旅游购物中心这类大型旅游购物场所应该与一般的大型商场相似,随着时间的不同,定时播放不同的背景音乐,不仅给游客以轻松、愉快的感受,还会刺激游客的购物兴趣。如刚开始营业的早晨播放欢快的迎宾乐曲,临打烊时,播放轻缓的送别曲,等等。①

(三)嗅觉——以"香"诱人

嗅觉是指鼻腔黏膜对气味的感觉。在人类全部感官中,嗅觉是最敏感的,也是同记忆和情感联系最密切的感官。英国牛津大学的研究显示,人会把气味与特定的经验或物品联系在一起。这一结果也被商家巧妙地用在产品的营销上,称为香味营销,也叫嗅觉营销。比如,乘坐新加坡航空公司的班机时乘客可以感受到一种特殊香味,它们来自新航空姐身上的香水味、热毛巾上的香水味以及整个机舱的各个角落。这种特制香味已成为新航的专利香味;迪士尼乐园的爆米花是旅游者畅游迪士尼时必买的休闲食品,当爆米花摊的生意清淡时,会打开"人工爆米花香味",不久游客便会自动闻香而来;巴黎作为香水的王国,被称为"世界香都",就是因为城市中芳香四溢。

作为旅游购物的场所,首先要保证购物环境的清洁卫生,不能有令

---
① 徐挺.景区旅游商品开发与管理案例[M].北京:中国旅游出版社,2017.

人不适的异味,同时要根据旅游商品的特性让购物场所散发出特定的味道,让游客未见其物,先闻其味。比如,销售红木雕刻的旅游商品销售场馆应该散发出红木独特的香味,它能让游客嗅出红木家具或工艺品的典雅华贵;销售高档手表和珠宝首饰的店铺要与高档香水相配,其散发出的香味能让游客嗅出商品的时尚和高贵;销售特色旅游食品的店铺要能够散发出与所售食品相匹配,而又令人产生食欲的香甜气味;销售茶叶的店铺要通过茶叶的芳香气息让游客感受到茶叶的品质。

(四)味觉——以"味"馋人

味觉是舌头与液体或溶解于液体的物质接触时所产生的感觉。当提到川菜时我们会想到辣味十足;当看到一瓶镇江陈醋时我们会与酸味联系起来;当看到一瓶可口可乐时会与甜味联系起来;当看到一盘腌制榨菜时往往会与咸味联系起来。这些都是我们常说的味觉,并通过味觉记忆让我们与现实中的实物对应起来。味觉营销多用在食品行业,特别是在食品的终端销售渠道。食品在终端销售环节常常会为消费者提供免费品尝的机会,这有利于通过对消费的味觉刺激,给消费者留下难以言传的美味,实现对消费者的吸引。在旅游商品,尤其是旅游食品的销售中,商家应该充分发挥味觉营销的特点,让游客通过免费品尝和试吃的机会了解甚至爱上产品。例如,在中国每年举办的国际旅游商品交易博览会上,浙江义务的某些酒业集团会当场酿制一些特色酒,并提供给游客免费品尝,从而进一步打开市场。

由于不同于普通白酒的辛辣和一般黄酒的酸涩口味,此酒的清香甘甜让一般不会喝酒的女士和很少喝酒的老人品尝后立刻喜欢上了它,于是就出现了很多游客现场围观购买的景象。到福建武夷山旅游的游客都会购买一些茶叶回去,而在购买茶叶的过程中,店主都会向游客展示一套精彩娴熟的泡茶技艺,并让游客免费品尝店里不同类别和不同品质的茶叶,游客在品尝之后会根据自己的喜好进行选购。

(五)触觉——以"质"感人

触觉是指皮肤、毛发与物体接触时的感觉。触觉是人类五种感觉之中最本质的也是最直接的。在全球顶级高档汽车品牌奥迪公司看来,高品质的产品不仅体现在对顶尖技术的研发、引领时尚的设计创新,同时对细节之处的严谨要求也达到了极致。1995年，奥迪公司专门成立了"触觉团队"，该团队的主要工作是在汽车开发过程中评估车辆内外的每一个操控元素的触觉特性，从门把手到点火锁，从变速器、转向柱控制杆到电子开关，甚至到各种踏板等。因为有了在汽车制作工艺和细节处理上的苛刻要求，才有了我们所谓的"奥迪感觉"。苹果公司的产品对品质的高要求在产品的质感上也体现得淋漓尽致，比如金属般的质感、灵巧的单手操作机身、灵敏的触摸屏、流畅的操作等都给使用者带来了不同于其他产品的触觉享受。在旅游商品销售上，恰当使用触觉营销的手段和技巧能够促进商品的销售，尤其在一些玉器、奇石以及丝绸、服饰等商品上。比如，玉石的圆润，丝绸的丝滑，服饰的质感等都能让购物者感受到商品的质感和品质，提升购买欲望。

二、借势营销策略的有效利用

有一则关于两只苍蝇的古希腊寓言：一只坐在战车上自豪地说："瞧，我跑得多快呀！"另一只苍蝇趴在车轮上骄傲地说："看，我扬起了漫天尘土！"——这是两只善于借势的苍蝇。无论是"站在巨人的肩膀上"，还是"假于外物"，借势营销作为一种行之有效的营销利器，为越来越多的企业所倚重。①

（一）借势营销的含义

借势营销是将销售的目的隐藏于营销活动之中，将产品的推广融入一个消费者喜闻乐见的环境里，使消费者在这个环境中了解产品并接受产品的营销手段。具体表现为通过媒体争夺消费者眼球，借助消费者自身的传播力，以及依靠轻松娱乐的方式等潜移默化地引导市场消费。换而言之，便是通过顺势、借势和造势等方式，以求提高企业或产品的知名度及美誉度，树立良好的品牌形象，并最终促成产品销售的营销策略。这里所说的"借势"，就是借助具有相当影响力的事件、人物、产品、故事、传说、影视作品和社会潮流等，策划出对自己有利的新闻事件，将自己带入话题中心，由此引起媒体和大众的关注，让更多的人认识并关注自己，提高知名度。借他人之"势"为己所用，这样就可以达到四两拨

---

① 孙国学，赵丽丽．旅游产品策划与设计[M]．北京：中国铁道出版社，2016．

千斤、事半功倍的神奇效果。《红楼梦》中薛宝钗有这样一句词,"好风凭借力,送我上青云",其大意是借助其他方面的力量,就能一下子达成自己的目标。诸葛亮借东风,实施"草船借箭",可谓乘长风而破万里浪,也将"借"的境界演绎得淋漓尽致。

(二)借势营销的意义

作为一种新型营销手段,借势营销集新闻效应、广告效应、公共关系、形象传播和客户关系于一体,已经当之无愧地成为企业新产品推介、品牌展示、建立品牌识别和品牌定位等营销活动的首选策略。据相关报道,美国企业在借势营销上的总花费年增长率高过15%。企业CEO、CFO等高层管理人员也越来越重视借势营销,其中,在被调查的高层决策人员中,39%的人很认同借势营销这种手段。

借势营销的优势在于:一是受众者的信息接收程度较高。借势营销避开了媒体多元化而形成的信息干扰,受众对于其内容的信任程度和传播广度远远高于广告。据调查,一个读者对新闻的信任程度是接受一则广告的六倍。二是传播深度和层次高。一个事件如果成了热点,会成为人们津津乐道、互相沟通的话题,事件被反复使用和传播,还可以形成二次传播。

(三)借势营销的原则

1. 关联度

在进行借势营销时,要求与所借之势具有一定的关联度。关联度越高,说明借势的理由越充分,而借势的理由越充分,则成功率越高。借势营销必须围绕一定的主题进行,关联度是进行借势营销活动成功的关键要素。当然,这种关联度有时是直观的、直接的关系,有时则是抽象的、间接的关系。

借势营销能不能做好,跟对"势"的准确判断有直接关系。一个事件摆在眼前,首先应该慎重判断到底能不能借,其根本是要看该事件对推广目标有无帮助,事件与产品是否有关联性,两者的内涵能否契合。借势营销中存在不少盲目跟风的现象,仅凭事件的高关注度就积极地投身其中,不管产品与"势"能否搭上关系,就生搬硬套地将二者硬拉到一起,最终反而会受到大家的质疑,落个"画虎不成反类犬"的结局。[①]

2. 关注度

借势营销主要是借助事件影响力营销,影响力的大小取决于人们对事件的关注度。很多企业进行借势营销,投入了不少资金,却连个响声都听不见,根本没有什么效果,原因是关注度不够。不为公众所关注,就不能吸引人们的眼球,就形成不了"势"。

关注度主要是通过媒体报道提升的,与以下几方面有密切联系。一是重要性,指事件内容的重要程度。判断内容重要与否的标准主要看其对社会产生影响的程度,一般来说,对越多的人产生的影响越大,新闻价值就越大。二是接近性,越是心理上、利益上和地理上与受众接近和相关的事实,新闻价值就越大。通常来说,事件关联的点越集中,就越能引起人们的注意。三是显著性,新闻中的人物、地点和事件越是著名,新闻价值就越大。国家元首、政府要人、知名人士、历史名城和古迹胜地往往都是出新闻的地方。四是趣味性,人类本身就有天生的好奇心,大多数受众对新颖、奇特、反常或有人情味的东西比较感兴趣。

3. 传播度

借势营销对事件的曝光程度有很大的依赖。在大众传播时代,事件曝光程度取决于媒体的参与程度。事件营销要达到预期效果,需要媒体尤其是主流强势媒体的介入和参与,这是吸引公众关注的前提。大量事实表明,旅游目的地形象的传播、推广和营销正是依靠大众传媒来实现的,通过吸引公众的注意力从而产生"眼球经济"效应。媒体参与的形式有两种:一种是主动介入,媒体如果认为此事件有亮点、有卖点、有新闻价值,就会主动介入,甚至持续跟踪报道;另一种是邀请媒体参与,最好在事件营销的策划阶段就邀请媒体合作,共同参与策划,以求取得最佳效果。旅游目的地在利用突发事件进行营销宣传时,要注意与媒体加强沟通,引导媒体有意识地进行旅游形象宣传。

---

① 吴广孝等.旅游商品开发实务[M].上海:复旦大学出版社,2000.

（四）借势营销的要求

1. 借势营销中的合作双赢

传统的营销理念过于强调竞争，企业和相关企业之间只是交易和竞争的关系。全球一体化使得竞争格局发生了根本变化，企业越来越需要为竞争而合作，靠合作来竞争。合作竞争营销的理念使拥有不同优势的企业在竞争的同时也注重彼此之间的合作，通过优势互补，共同创造一块更大的"蛋糕"，来实现"双赢"或"多赢"。而在事件营销中进行不同行业和领域企业间的合作则能扩大事件的影响，提高企业的知名度，扩大合作双方彼此的影响力，达到"双赢"或"多赢"的效果。商业的本质是合作与盈利，企业想要充分发展，就需要通过开放的姿态与多方展开合作，力争实现一个"共赢模式"，这样才能最终取得成功。

2. 借势营销中的双向互动

互动营销强调企业和消费者间交互式交流的双向推动，改变了传统营销中企业对消费者的单向推动。传统的媒体广告、产品目录等只是企业单向地把产品信息输送给消费者，消费者完全被动地接收商品信息，而企业也不能及时获得消费者的反馈信息，使得距离成为企业与消费者之间交流的障碍，企业难以及时、准确地了解顾客个性化的需求。随着居民收入的提高、消费意识的成熟及消费理念的转化，差异消费和个性消费成为时尚。在事件营销中注重与顾客互动的沟通与交流，随时改进营销传播策略，将成为事件营销管理的关键。让消费者参与到产品制作与消费的过程中去，使得消费者获得比直接消费产品更大的满足感与更为强烈的购买热情。互动营销在《超级女声》中表现得淋漓尽致。

3. 借势营销中的创意创新

借势营销注重科学性，更强调艺术性，效仿和跟风所取得的效应远不如原创的好。一般情况下，当人们遇到从来没有遇到过的新鲜事物时，会产生很大的注意力，而且更容易产生好感，加深记忆。但人们再次看到类似事物的时候却从潜意识里有种忽略和排斥感，不会去关注和追捧。所以借势营销要把握"创意创新"的原则，讲求创意的独特性和新颖性，创造性地加以借势。

(五)借势营销的形式

1. 借文化之势

文化是特定人群普遍自觉的观念和方式。比如在我国春节来临前,大家都在不约而同地用不同方式做着同一件事情,朝着一个目标前进——回家。在中国人的概念中,春节就要全家团圆,这种对春节普遍认同的观念和方式就是文化。这样一种统一的行动不用号召,不用法律规定,为什么可以成为一种自觉?这背后是中国几千年的传统文化使然。所以说,文化是一种看不见的力量,是一只看不见的巨手;文化决定着人们的价值观,左右着人们的行动。文化的力量是思想的力量,是精神的力量,是经典的力量,是一个民族的重量,一个国家的分量,一个社会的体温。[①]

文化的力量同时也体现在旅游产品营销中。"上有天堂,下有苏杭",这句绝佳的广告词可谓是神来之笔,不但使苏州和杭州这两个"人间天堂"蜚声海内外,还使两地的旅游业大受其益。一首歌唱响无锡,一幅画火了周庄,一首诗成就了寒山寺,一部电影捧红了西溪湿地……这些旅游景区的功成名就显示了文化的力量。

2. 借影视之势

影视也是一种文化,更是一种特殊的文化形式。影视之所以能够宣传推广旅游目的地,最根本的当然是由于影视所固有的传播功能。电视、电影等属于大众传媒,影视文化会吸引公众注意力,增强公众对旅游目的地的好感度和美誉度,使旅游者选择这些地方游览并消费。影视作为一种新型的旅游营销方式,已经成为旅游营销和改善目的地形象的重要手段和媒介平台。

随着影视剧的播出,可以使旅游目的地成为旅游热点。对很多人来说,影视除了提供物质和精神享受外,还能吸引他们到拍摄场地去旅游。调查显示,超过20%的人表示,因为自己喜欢的影视剧在当地拍摄,会产生很强烈的旅行意愿,另外,还有23%左右的旅游爱好者也表示会有"一定的冲动"。

---

① 杨丰齐,伍欣.旅游工艺品设计与开发实践[M].长春:吉林人民出版社,2019.

优秀的影视作品在客观上加强了外景地的吸引力,是卓有成效的宣传工具,从而具有较高的旅游价值。影视作品对旅游的促进作用主要表现在以下几个方面。

(1)对拍摄地的旅游宣传。一是形象塑造。依赖于影视作品的音乐画面、故事情节和主角情感等因素,旅游目的地刻上了与之密切相关的符号烙印,并迅速为受众所识。如电影《五朵金花》展现的云南大理蝴蝶泉风光和少数民族风情一直是大理的旅游标志。二是市场培育。影视作品的热播往往给人以视觉与心灵上的双重冲击,极易引起受众的共鸣,在培育大量影迷的同时,也培育了大批潜在的旅游者。他们渴望寻访剧中踪迹,还原剧情,真实感悟并寄托个人情感。当然,明星粉丝团的作用也不可忽略。三是新产品开发。旅游企业可借影视剧热播之机来吸引游客眼球,推出全新的影视主题旅游线路或对传统旅游产品进行相关包装,进行差异化竞争。

(2)带旺拍摄地的旅游人气。由于影视作品的热播,吸引了更多的观众到影片拍摄地观光游览。乔家大院成为旅游热点,并不是因为主人当年的经营有方,而是因为张艺谋的青睐,在此拍摄了电影《大红灯笼高高挂》,从此名扬天下。随着电视剧《乔家大院》的热播,乔家大院更是因此迎来了历史上的旅游高峰,原本是旅游淡季变成了旺季,游客人数和门票价格都翻了一倍。

(3)引导当地的旅游开发。由于拍摄影视作品对拍摄地的要求不同于旅游的要求,在影视作品中往往会出现极具开发潜力的优美风景,这可以起到引导开发的作用。浙江的横店在以前没几个人知道,而如今却成了家喻户晓的"中国好莱坞"。

(4)弘扬当地的历史文化。当年,电影《少林寺》使这个武林圣地名满天下,中外游客接踵带来了综合效益。影视旅游可以获得多方面的效益,包括直接效益和联动效益。直接效益是影视旅游本身产生的效益,联动效益是影视旅游带动其他产业而获得的效益。

正是看到了影视在旅游宣传中的巨大作用,以前"无心插柳"的意外效应,逐渐变成了"有心栽花"的旅游营销方式。一些旅游目的地和旅游景区已不再满足于坐等影视剧组的垂青,而是主动选择与影视剧组合作。

以下对旅游借文化之势经典案例"四个一"进行简要阐述。

一首《无锡旅情》唱响一座城市

一曲《无锡旅情》，将太湖之滨的美丽传遍东瀛，成为开启无锡人民与日本人民心灵交流的钥匙，成为无锡对外交流的品牌。一首歌，唱响一座城市；一首歌，加深两地互动。1986年，由日本友人中山大三郎创作的歌曲《无锡旅情》，在日本著名歌手尾形大作的深情演绎之下风靡日本，广为传唱。自此，无锡在日本人心目中烙下了深深的印记。无数日本人因《无锡旅情》而相识无锡、了解无锡、走进无锡、喜爱无锡。

"在那陌生的异国他乡，想起了你啊忍不住流泪，我已迈上了中国的旅程，从上海过苏州，坐上火车，驶向太湖畔，水乡无锡。"《无锡旅情》是无锡旅游的成功策划，很多人是唱着这歌来追寻歌中的"无锡"，据统计，自1986年以来，共有约二百多万日本人来无锡旅游，无锡接待的日本游客数量遥遥领先于同类旅游城市。

《无锡旅情》的影响力早已超越了旅游领域，所引发的效应远远超出了"唱响一座城市"，扎根于无锡与日本交流的方方面面。"《无锡旅情》25周年——东京之夜"中日经贸文化交流大会在日本盛大举行，踏着时代的节拍，《无锡旅情》将唱出更美的旋律。开启无锡和日本在更高平台、更深领域、更广范围务实合作的新篇章。

一幅《故乡的回忆》将周庄推向世界

提起周庄，不能不提到两个人：邓小平和陈逸飞。周庄古镇始建于1086年，位于苏州昆山县内。1985年以前，周庄一直默默无闻，是著名导演、画家陈逸飞的一幅画让这个千年古镇名扬天下。1984年夏天，在美国纽约留学的陈逸飞到周庄写生，后以镇上的"双桥"为题材，创作了油画《故乡的回忆》。1985年，《故乡的回忆》经陈逸飞再次加工后，被美国西方石油公司董事长阿曼德－哈默高价收购，哈默又将这幅油画赠送给了邓小平。1986年，这幅油画被选为联合国首日封邮票图案。虽然后来有人指出首日封上画的并不是周庄"双桥"，而是古镇锦溪的一座石拱桥，但陈逸飞对此未置可否。不管怎么说，一幅《故乡的回忆》让默默无闻的周庄双桥走向了世界，每年有上千万的游人来到周庄，走过"双桥"，体味梦里水乡的古风神韵。虽然周庄的周围还有其他的古镇，但人们更加热衷于去周庄，看看陈逸飞画中的"双桥"，让自己圆梦。

一首《枫桥夜泊》让寒山寺的钟声传遍天下

"月落乌啼霜满天，江枫渔火对愁眠。姑苏城外寒山寺，夜半钟声到客船。"当年，唐代诗人张继进京赶考，不想名落孙山，夜宿枫桥下，触景生情写下了这首千古绝唱《枫桥夜泊》。张继在无意间为寒山寺做了一个令人拍案叫绝的广告。正是张继的一首诗,让寒山寺名扬天下。苏州人没有忘记张继,如今,枫桥边立着一尊张继的塑像。寒山寺与其他的名刹古寺并没有太大的差别,是张继的这首诗成就了它的鼎盛与辉煌,不禁让人感叹文化的力量,可以穿越时空,远播声名。

一部《非诚勿扰》使西溪湿地名声大噪

冯小刚拍《非诚勿扰》时在西溪湿地选择了三处外景地:一处是秋雪庵附近的芦苇荡,一处是深潭口,还有一处是西溪创意产业园的别墅。《非诚勿扰》上映后,养在深闺人未识的西溪湿地一时名声大噪。葛优的一句电影台词"西溪,且留下",为杭州西溪湿地做了最响亮的广告。这个原本就很浪漫的地方,由于葛优和舒淇的"相亲",让更多的有情人蜂拥前往。此后,西溪湿地借力使力,全方位地打造《非诚勿扰》旅游品牌,通过各种方式进行宣传。据保守估计,《非诚勿扰》至少已经给西溪湿地带来了近亿元的营业收入。

(资料来源:《大连晚报》2010年6月18日,有改动)

3. 借体育之势

体育赛事是品牌最好的广告载体,具有沟通对象数量大、传播面广和针对性强等特点。人们对体育的热爱往往是不计路途远近,不惜花钱的。借助体育赛事,冠名和赞助广受人们关注的重大体育活动和体育比赛来推广自己的品牌,以吸引消费者和媒体的眼球,达到传播品牌的目的,体育正在成为旅游策划的重要关注点。华东五市是传统精品旅游线路,但近年来遇冷,2010年世博会在上海举办,华东五市旅游借助世博会契机再度火爆,再创辉煌。

2010年6月,四年一度的世界杯在南非这片神奇的土地上隆重地揭开序幕。借助世界杯的成功举办,南非启动了名为"20种新体验南非10日游"的市场推广活动,活动的影响范围将覆盖全球14亿人口。南非旅游部的统计显示,世界杯期间入境南非的游客总数达102万人,比去年同期增长25%。"世界杯"不仅点燃了全世界球迷们观看世界杯的热情火花,也再次带动了海外游客探访这个"彩虹之国"的热潮。

4. 借新闻之势

企业利用社会上有价值、影响面广的新闻,或者与相关媒体合作,不失时机地把自己的产品和新闻事件或消费者身边的热点问题联系在一起,发表大量介绍和宣传企业产品或服务的软性文章,以理性的手段传播自己,从而吸引公众的视线,来达到借力发力的传播效果。2009年12月27日,随着曹操高陵的发掘,人们的视野聚焦到了安阳西高穴村这个号称"旅游价值不在秦始皇陵之下"的曹操墓。河南安阳利用"曹操墓"大做文章,把曹操高陵建成三国文化考古、文物保护基地和旅游景区,并以此开展了一系列相关活动。

5. 借明星之势

有人说,现在是一个偶像的时代,很多人有强烈的偶像崇拜心理。尤其是青少年,在他们心中总是有那么一位或几位名人偶像,让其痴迷。他们不但喜欢明星偶像的一言一行、一举一动、穿着打扮,而且很多时候偶像还能成为他们消费的意见领袖。于是,明星们纷纷登上了广告的舞台,向"粉丝"推荐某个品牌或服务,将"迷"对其的喜爱、崇拜和尊敬转化为购买力和消费行为。

现代营销理论认为,让消费者在众多相似的同类产品中记忆其中一个产品是比较困难的,但如果通过一个有特点的公众人物来引导消费者记忆,往往会收到良好的效果。明星一向因为高知名度和高曝光率被看作是商品通向消费者的最好介质。所以,利用明星来宣传企业产品,借此提高产品知名度,从而扩大产品的市场份额,已被许多企业看作是销售促进的宝典。利用消费者爱屋及乌的心理,借助明星的知名度来加速品牌传播,加大产品的附加值,借此培养消费者对该产品的感情和联想,来赢得品牌忠诚度。

案例:张家界借势"阿凡达"成功进行营销

巧借"阿凡达"张家界景区营销成媒体焦点

2009年底,电影《阿凡达》的上映除了引起全球影迷的叫好外,也引发了一场对"哈利路亚山"原型的争夺。张家界和黄山两个国内知名旅游胜地展开了一场"傍大款"的拼抢,谁能成功借到《阿凡达》的"势",谁就会在短期内迅速吸引国人的眼球!

2010年1月19日,随着江苏省《金陵晚报》周末版推出题为《乘着阿凡达号直奔张家界》的整版报道,张家界市各大旅行社面向国内外游客推出了包括"阿凡达—潘朵拉神奇之旅""阿凡达—哈利路亚山玄幻之旅""阿凡达—悬浮山神秘之旅"在内的等多条"张家界阿凡达之旅"精品旅游线路,带领游客亲临美国科幻大片《阿凡达》的神奇壮观世界。

借势传播景区优势转移公众注意力

只有将张家界借势营销赚取的关注度转化为景区游客数量的增加才能称得上是成功的营销,否则就只会流于"炒作"的行列,难以成为经典。营销最终必须落到一个点上,那就是产品和服务本身内在的品质,吸引游客的前往的不仅仅是炒作,更要有产品和服务的魅力,这个声音更需要放大传播。因此,针对"哈利路亚山"所在的袁家界景区,展开了袁家界景区的传播工作。"张家界的美名,袁家界的美景",几乎每个到张家界旅游的人都会如此赞叹。找到了"袁家界,张家界的核心"的产品特色,结合"阿凡达"带来的关注和争议,迅速进行了大量袁家界景区优势的推广,将"袁家界"和"阿凡达"捆绑起来,建立起公众看"阿凡达哈利路亚山"就去"袁家界"景区的认知。

基于认知度的口碑营销提高游客美誉度

旅游是消费者体验感很强烈的一种产品,游客口碑就显得非常重要。将"哈利路亚山"所在的袁家界景区的特色和服务通过游客口碑传播出去,树立景区的美誉度,给游客提供更多丰富的可借鉴的游玩攻略,无疑会吸引更多游客前往。对此,袁家界的游记攻略、游记等口碑传播工作开始大量展开。门户、行业、地方等网站的旅游频道和社区里都能看到关于"哈利路亚山"和"袁家界"的游玩攻略,如何省钱省力玩转"哈利路亚山"等好玩的旅游攻略也得到了大量网友的关注。

做好旅游线上渠道合力推广"阿凡达之旅"

通过一系列对袁家界景区美景的推广,以及大量游客攻略和口碑的传播,"阿凡达之旅"开始成为很多游客心中的向往。

阿凡达借势营销提高了袁家界景区的知名度,更为袁家界带来了大量游客。距离阿凡达借势营销开展后仅两周的时间,袁家界景区的游客接待数量就实现了淡季反超的奇迹。

而更有价值的是,袁家界借势营销所产生的效应并没有随着《阿凡达》电影的落幕走向衰弱。2010年上半年,阿凡达借势营销带来的效应还在持续拉动着中外游客前来,往来游客和导游津津乐道谈得最多的是《阿凡达》悬浮山原型取景地,利用假期到张家界实地目睹"悬浮山"原型,体验"阿凡达之旅"的游人占近17%。

第八章 国内外旅游商品设计与开发的文化创意视角研究

与文化因素相结合,可以设计出令人满意的旅游商品。在国内外,很多设计师都融合了本国的文化元素,并利用最新的科学技术,设计出的旅游商品不管是外观还是内涵,都令人产生耳目一新的感觉。本章主要分析国内外旅游商品设计与开发的文化创意视角,从国内与国外两个层面分析旅游商品的设计与开发。

第一节 国内旅游商品的设计与开发

一、北京文化旅游商品

北京是世界历史文化名城,战国时期是燕国的首都,初期被称为"冀",后经辽、金、元、明、清,是中华民国初期的首都,至今已有800年的历史。1928年定为市,更名为"北平",1949年中华人民共和国成立后重新更名为"北京"。北京是元、明、清三个朝代的首都,是传统和现代共存的文明展示场,可以看到尖端大厦和古老胡同共存的特有风景。北京的悠久历史具有深远文化价值,拥有众多名胜古迹,代表性的世界文化遗产有万里长城、故宫、天坛、颐和园、明十三陵、周口店北京猿人遗址等。

随着我国经济改革发展,原来仅限于二环路和三环路的北京城市区域扩展到五环路和六环路,大城市区域变得非常广阔,随着新商业地区的发展,王府井和西单地区发展成为繁盛的购物区,中关村是中国重要的电子中心。随着经济的快速发展,我国成功加入WTO,举办了2008年北京奥运会,申办了2022年冬季奥运会及残奥会,在国际体育中发

第八章　国内外旅游商品设计与开发的文化创意视角研究

挥了巨大作用。这样的北京,既有中国重要的金融、商业中心,又有大型国营企业、政府机关,成为名副其实的世界性现代化国际城市。

图 8-1　北京

下列北京城市品牌是北京市官方网站使用的城市品牌,是目前广大市民所熟知的城市品牌。

（一）时尚小件

由于北京的城市品牌没有正式明确,所以几乎没有适用于城市品牌的时尚小商品,而且大部分产品都是单纯地使用"北京"或英文"Bejing"的城市名称。服装类主要利用北京地标性建筑紫禁城和天坛、北京的象征花鸟、北京地铁线路图、古代王朝的传统纹样等形象。资源类型中,以历史、文化型为主流,主题类型中,以地标型为主流,主要以中低档产品居多。服装小品种类有 T 恤、连帽衫、帽子、环保购物袋、化妆包、鞋子、手帕等。

图 8-2　北京城市品牌

图 8-3　北京文化旅游商品(时尚小件类)

(二)装饰品

北京文化旅游商品的装饰品主要以利用北京地标性建筑或服务资源形象制作的文化旅游商品为主,是外国人最喜爱的商品种类之一。北京的装饰品以万里长城、天坛、紫禁城、CCTV 大楼及北京京剧等为原型,比起功能性,更多的是装饰性产品、工艺表现类型。分类类型中,历史、文化型和服务资源型占据主流,主题类型中,地标型占据主流,主要以中低价位产品居多。装饰品种类有铸件迷你车、3D 立体拼图装饰、装饰碟子、装饰扇子、漆器茶杯、雪花球、京剧娃娃装饰品等。

第八章　国内外旅游商品设计与开发的文化创意视角研究

图 8-4　北京文化旅游商品（装饰品类）

（三）花式文具

北京文化旅游商品文具花式作为纪念访问北京时具有实用性的商品，是访客比较容易购买的商品，是外国人偏爱的商品之一，尤其在儿童、学生及年轻人中受欢迎。这里有很多利用象征北京的建筑物或京剧等形象的产品，根据商品功能制作而成。资源类型中，以历史、文化型和服务资源型为主，主题类型以地标型为主，低价产品较多。产品种类有文具套装、立式卡伦达、钢笔、圆珠笔、笔记本、书签、铅笔盒、胶带、立体记事本、照片明信片、手机壳、3D 立体拼图等，种类繁多。

图 8-5　北京文化旅游商品（花式文具类）

(四)生活小件

北京文化旅游商品的生活小商品也是纪念访问北京并具有实用性的商品,很受欢迎。生活小件多为利用北京地标性建筑或北京京剧等资源形象的产品,根据产品功能制作而成。资源类型中,历史、文化型和服务资源型占据主流,主题类型中,地标型占据主流,主要以中低价位产品居多。生活用品种类包括磁条、镜子、钥匙扣、手表、筷子、抱枕、马克杯、茶杯、USB等很多。

图8-6 北京文化旅游商品(生活小件类)

二、上海文化旅游商品

上海,两个汉字在字面上具有"上面""顶"和"大海"的意思。上海是位于我国东部长江下游的中华人民共和国直辖市,是中国的经济中心,也是文化、商业、金融、产业、通信中心。在古代,称"申",战国时期是楚国春申君的封邑,宋朝时开始称其为上海。这样的上海没有中国古都的悠久历史,从地理上看也是紧挨着中国大陆末尾的扬子江河口的小周边渔村。上海在19世纪中期随着开埠而发展,20世纪初期已与纽约、伦敦一起发展成为世界金融中心和亚洲最大的国际商业城市,并成为中国的经济中心城市。位于长江东南端的世界著名港口城市上海市是中

第八章 国内外旅游商品设计与开发的文化创意视角研究

国大陆与世界接轨的天然港口,航空产业等高新技术产业发达,是中国第一对外贸易窗口,是陆上、海上、航空运输的环太平洋主要枢纽城市。20世纪90年代,浦东地区开发成为国际经济、财政、贸易中心,教育、文化、科学技术发展迅速,2010年还举办了上海世界博览会。

如果说中国首都北京是政治中心,也是最具历史性和男性魅力的北方城市,那么上海作为经济中心,与江南风情一起,给人以女性化的南方城市的感觉,还被称为"东方巴黎(Paris of the East)"和"东方女王(Queen of the Orient)"。

图 8-7 上海

上海的城市品牌是长江(扬子江)的船和上海的市花白玉兰,以及扬子江的水路和船的螺旋桨的视觉符号,表现了自古以来通过贸易实现经济增长的意志和走向更大的世界的上海人的进取心和挑战精神。城市品牌标识没有明确的设计,城市品牌标语也没有正式的标语。

图 8-8　上海城市品牌

（一）时尚小件

在上海文化旅游商品中，虽然时尚小商品有利用上海地标性建筑形象的商品，但利用其他上海形象的文化旅游商品较多。虽然上海的时装道具是为了纪念访问上海，但主要以实用为目的购买。上海的文化旅游商品主要利用地标性建筑、上海美人等形象，资源类型以历史文化型和服务资源型为主，主题类型以地标型为主，主要以中低价位产品居多。时尚小件种类有手提包、钱包、化妆品包、太阳镜、环保购物袋、围巾、T恤、袜子、手帕等多种商品。

图 8-9　上海文化旅游商品（时尚小件类）

第八章 国内外旅游商品设计与开发的文化创意视角研究

（二）装饰品

上海文化旅游商品的装饰品主要是利用象征上海的建筑形象制作的文化旅游商品，还利用了东方明珠、上海世界金融中心、上海美人形象等多个上海象征。与大型装饰品相比，上海的装饰品以小型装饰品为主，铸造形态的小模型更多。资源类型中，历史、文化型为主流，主题类型中，地标型为主流，主要以中低档产品居多。装饰品种类有东方明珠、上海世界金融中心等铸件模型和音乐盒、雪花球、3D装饰框、装饰画框等。

图 8-10 上海文化旅游商品（装饰品类）

（三）花式文具

上海花式文具类文化旅游商品也是在纪念访问上海的同时具备实用性的商品，是访客比较容易购买的商品，是外国人偏爱的商品之一，尤其在儿童、学生及年轻人中人气颇高。利用象征上海的建筑、上海美人等象征的商品种类繁多，根据产品用多种材质制作，主要以中低价产品为主。资源类型中，以历史、文化型、服务资源型为主，主题类型中，地标型产品较多。文具、笔、手机壳、铅笔夹、名片夹、立体记事本、拼图、小镜子、相片明信片、立体卡片等种类繁多。

图 8-11　上海文化旅游商品（花式文具类）

（四）生活小件

　　上海生活小件作为纪念访问上海并具有实用性的商品，不仅受到成年年龄层的欢迎，也受到年轻人的欢迎。利用上海地标性建筑、白玉兰、上海美人等形象的商品种类繁多，商品材质多样。资源类型主要有历史文化型、服务资源型、主题型、地标型等，主要以中低档产品为主。生活用品种类包括磁条、装饰盘子、马克杯、开酒杯、挂钟、保温杯、雨伞、钥匙扣、靠垫、照明灯、肥皂等，种类繁多。

第八章 国内外旅游商品设计与开发的文化创意视角研究

图 8-12 上海文化旅游商品(生活小件类)

三、天津文化旅游商品

天津位于中国华北地区的中央直辖市,与北京、上海、重庆并列为中国四个直辖市之一,是中国北部最大的港口城市,是海陆交通枢纽和主要工业基地。天津这个名字是明朝永乐帝为了驱逐建文帝向南京进发的途中于此处而取的名字,意为"天子的渡口"。自唐、宋时代开始开发,元朝时天津卫,成为军事据点,并形成若干商业活动,1860年开放港口后迅速发展。起初发展成为贸易港,后来发展成为以轻工业为中心的商业城市。

天津自改革开放以来,集中发展航空、石化、装备制造、电子信息等产业,每年保持10%以上的GDP增长率,是中国北方物流中心和交通枢纽,也是北方最大的港口城市,北京的对外贸易额90%以上都由天津港处理，成为连接世界 180 多个国家和 400 多个港口的海运枢纽。天津是连接北京和上海的重要直辖市，不仅连接了通往河北省秦皇岛山海关区的铁路，还拥有水路、航空路及管道等先进的运输网络。天津是尖端制造业的研发基地，也是现代金融中心，天津滨海新区被指定为国家整体发展战略地，因此中国政府将天津培养成尖端制造业的研发基地、北部国际海运枢纽、金融创新服务区、经济改革示范园区。同时，这里集中了商业银行、外资银行等多种形式的银行业和证券业、保险业，不仅是中国的金融中心城市，还具备了世界金融中心城市的面貌。天津在历史上曾发展成为港口城市，但 1858 年英法联军入侵和日本帝国主义的侵略等外国势力的利益之争，在现代史中被强制开放，至今市内仍存在欧洲风格的建筑。

图 8-13　天津

　　天津的城市品牌以表现过去贸易和商业城市形象的乐观为基本概念，没有包含现在天津市的现实或未来蓝图的设计。与其他城市一样，这个城市品牌的应用很低，只用于官方天津市网站，在很多媒体上，城市品牌特色应用得并不尽如人意。

第八章 国内外旅游商品设计与开发的文化创意视角研究

图 8-14 天津城市品牌

（一）时尚小件

天津的文化旅游商品时尚小件没有直接适用城市品牌的产品，大部分以天津市的地标性建筑和利用印刷技术天津的产品为主流，偶尔以天津的过去象征性形象为主题的产品，但种类并不多。资源类型中，以历史、文化型为主流，主题类型中，地标型为主流。时尚用品种类有帽子、化妆包、手拿包、T恤、围巾、环保购物袋、旅行用小型包、手帕等，种类不多。

图 8-15 天津文化旅游商品（时尚小件类）

（二）装饰品

天津文化旅游商品的装饰品主要是利用象征天津的建筑或传统形象制作的文化旅游商品，是外国人最喜欢的商品。装饰品种类有天津眼大观览迷你车、八音盒、鸡蛋工艺装饰品、装饰扇子、装饰碟子、传统玩偶、传统面具装饰品等。

图 8-16　天津文化旅游商品（装饰品类）

（三）花式文具

天津文化旅游商品的文具花式是纪念天津市之行并具有实用性的商品，是访客比较容易购买的商品，尤其受到儿童、学生及年轻年龄层的欢迎。花式文具类有笔记本、铅笔、月历、娃娃、徽章、包、纽扣、鼠标垫、手机壳、立体卡、3D立体拼图等，种类繁多。

第八章 国内外旅游商品设计与开发的文化创意视角研究

图 8-17 天津文化旅游商品（花式文具类）

（四）生活小件

天津文化旅游商品的生活小件是纪念天津市之行并具有实用性的商品，不仅受到年轻人的欢迎，而且深受成年人的欢迎。主要以象征天津的地标性建筑物和传统风俗等为主题的产品很多，根据产品不同，材质也多种多样。从资源类型来看，主要以历史、文化型、服务资源型为主；从主题类型来看，主要以地标型等中低档产品居多。生活用品种类包括软垫、包包、雨伞、旅行箱包、手表、茶杯、扇子、手机充电器、CD、钥匙链、磁带等，种类繁多。

四、重庆文化旅游商品

重庆是中国四个直辖市之一，位于西部，面积较大，人口众多。从历史上来看，重庆在商周时期是巴国都城，汉朝时属于益州，隋朝和唐朝时为渝州，三国时期属于刘备建立的蜀汉，宋朝时为重庆。重庆简称渝或巴。1876 年开港,1895 年下关条约开放为与外国通商港口,1927 年削掉半边形岩石山后建成了重庆市。原重庆市是四川省内的市,但中国政府没有分割人口和面积较大的四川省,而是作为西部大开发的重点,从旧巴蜀地区四川省将旧蜀、蜀水文化地带划分为现在的四川省,将旧巴、巴山文化地带划分为现在的重庆直辖市。

图 8-18 天津文化旅游商品(生活小件类)

  重庆从很久以前开始就是中国西南地区最大的综合工业基地和扬子江上游的经济中心,明朝时是手工艺工业的复兴,抗日战争时期扬子江中下游的工业流入后成为西南地区的工业要地。目前,除机械、冶金、化工、纺织、食品等 5 种产业外,还实现了汽车、电子、通信、电力、建筑材料、军需等工业多样化,不仅是重工业,还因基础化学、天然气加工而闻名,被称为"化工城市"。

  重庆是中国代表性饮食火锅之乡,也是美女众多的城市,拥有重庆旧貌的磁器口,重庆最繁华的地方解放碑和中国宫殿风格和西洋建筑风格相结合建造的人民大礼堂,美丽的夜景名胜洪冶洞,是重庆近郊的自然遗产。

第八章　国内外旅游商品设计与开发的文化创意视角研究

图 8-19　重庆

重庆市的城市品牌以"双重喜庆"的二人形象为意涵,以"以人为本"的东方思想为基础,以中国的文化和传统性为概念,重视新时代的人才,相互融合,不仅能发展,还能表现爱国精神。另外,位于中国西南地区的东北部,连接中国东西的结合部,不仅是中国经济的均等发展,而且是位于解决东西经济差距带来的社会矛盾的地理位置的城市,其目标是融洽和和谐、传统与现代、文化与历史共存与发展。城市品牌标志是中国传统书体作家写的书法作品,英文版是哥特系列的印刷字体,没有差别地使用一般的书体,颜色是橘黄色和红色。

图 8-20　重庆城市品牌

(一)时尚小件

重庆文化旅游商品的时尚小件,主要是使用重庆版式的商品,以重庆的城市形象、城市地图和传统图案为主题的产品,但种类并不多。资源类型中,以服务资源型、主题类型、地标型占据主流,主要以中低档产品居多。时尚小件的种类有T恤、环保购物袋、鞋子、手提包、帽子、袜子、手帕等。

图8-21 重庆文化旅游商品(时尚小件类)

(二)装饰品

重庆文化旅游商品主要以重庆为标志的地标性建筑生产的文化旅游产品为装饰,并以人民大礼堂、地标性建筑和火锅以及重庆的美丽大自然为装饰。具有功能的产品有很多,例如铸件和木制品。资源类型中,以历史、文化型为主流,主题类型中,地标型为主流,以中低档产品居多。有地标性建筑小模型装饰品、装饰盘子、笔筒、装饰画等,种类不多。

第八章 国内外旅游商品设计与开发的文化创意视角研究

图 8-22 重庆文化旅游商品(装饰品类)

(三)花式文具

重庆文化旅游商品花式文具类是为纪念访问重庆而具备实用性的商品,是访客比较容易购买的商品,尤其深受儿童、学生及年轻年龄层欢迎。利用重庆地标性建筑和火锅等象征性产品,种类繁多,商品材质多样。从资源类型来看,历史和文化资源类型是主流,从主题类型来看,有许多中低价位产品是地标类型。文具、花式类有很多种类,如笔记本、迷你包、贴纸、手机壳、3D 立体积木、玩偶、拼图、名牌、名片盒、钱包、立体卡等。

图 8-23　重庆文化旅游商品(花式文具类)

（四）生活小件

重庆文化旅游商品的生活小件是纪念访问重庆并具有实用性的商品，是深受成人年龄层欢迎的商品。主要以象征重庆的地标性建筑为主题的产品很多，根据产品不同，材质也多种多样。资源类型中，以历史、文化型为主流，主题类型中，地标型为主流，主要以中低档产品居多。生活小件种类有扇子、马克杯、筷子套装、保温杯、照明灯、靠垫、徽章、桌布、钥匙、茶杯、钥匙环、开瓶器等，种类繁多。

图 8-24　重庆文化旅游商品(生活小件类)

第八章　国内外旅游商品设计与开发的文化创意视角研究

五、香港文化旅游商品

中华人民共和国香港特别行政区位于中国广东省东南部。具有地理优势的香港，虽然面积小，但无论在经济上还是战略上都占有相当重要的地位，是世界上人口密度最高的城市之一，是具有中西文化特色协调特征的城市。充满活力的国际都市香港保留着中国传统、英国统治留下的痕迹、尖端技术以及中国广东地区的风采，也是可以体验整个城市美丽天空、购物、别样风情、游乐园、田园风景、艺术、体育等多种有趣体验的城市。

香港经济具有自由贸易、低税率和最低限度的政府介入的特征，不仅在中国内地的巨大市场进行贸易，而且以全世界为对象进行贸易。

使用中文和英语为正式语言的香港作为国际性大城市，拥有跨国企业的亚洲总部，并通过国际性商业活动，被评为知名度较高的城市。另外，由于香港融合了西方文化和东方文化，具有悠久的历史和特殊性，也是连接中国和全世界的城市。香港以其独特的夜景而闻名，购物文化发达，是全世界人们的购物天堂。

图 8-25　香港

香港城市品牌 Identity 保留了原有的"龙（Drangon）"标志，表现更为现代。具有神话色彩的飞龙体现了香港城市的历史、文化、时代精神，中文和英文字体的设计为了最大限度地表现现代感。香港城市品牌认同体现香港开放、创新、自由的特点。展示出和谐、现代的形象和单一形态的个性设计。

图 8-26　香港城市品牌

（一）时尚小件

香港的时尚小件主要使用香港地标性天际线建筑的产品，实用功能和审美性得到凸显，深受来香港的外国人欢迎。资源类型中，以历史、文化型、主题类型、地标型占据主流。时尚用品种类有 T 恤、帽子、环保购物袋、鞋子、围巾、化妆包等。

（二）装饰品

香港的装饰品主要以象征香港的地标性建筑为原型，以文化旅游商品为主流，是外国人为了纪念访问香港而购买的最受欢迎的商品。利用香港象征的装饰品比起功能性，更具装饰性。利用铸件、陶器、树木、水晶等不同材质制作而成。

第八章 国内外旅游商品设计与开发的文化创意视角研究

图 8-27 香港文化旅游商品(时尚小件类)

从历史、文化类型和主题类型来看,以地标型为主,主要以中高档产品居多。装饰品种类有地标性建筑小模型装饰品、装饰碟子、装饰相框、音乐盒、LED 照明、装饰玩偶、装饰扇子、迷你巴士等。

图 8-28 香港文化旅游商品(装饰品类)

(三)文具花式

香港文具花式作为香港访问纪念品,具有实用性,是访客比较容易购买的商品,尤其受到儿童、学生及年轻年龄层的欢迎。它利用了香港的地标性建筑和香港地铁线路图等象征性产品,种类繁多,产品材质多样。从资源类型来看,主要以历史、文化资源型为主,从主题类型来看,主要以地标型为主,主要以中低价位产品居多。文具花式类主要有笔筒、鼠标垫、玩具、手机壳、护照套、相片明信片、铅笔盒、立体卡、胶带、贴纸等,种类繁多。

图8-29 香港文化旅游商品(花式文具类)

(四)生活小件

香港的生活小件是纪念香港之行并具有实用性的商品,受到众人的欢迎。主要以象征香港的地标性建筑物为主题的产品很多,根据产品不同,材质也多种多样。从资源类型来看,主要以历史、文化资源型为主,从主题类型来看,主要以地标型为主。生活用品种类有靠垫、扇子、化妆包、开瓶器、肥皂盒、磁铁、钥匙链、挂钟、马克杯、围裙、饮食桌布、毛巾等,种类繁多。

图 8-30　香港文化旅游商品(生活小件类)

第二节　国外旅游商品的设计与开发

一、首尔文化旅游商品

600 年来首尔一直是大韩民国的首都和最大城市。包括总统官邸青瓦台在内,今天的首尔,在政治、经济、社会、文化等各方面都是韩国的最高中心,是铁路、航空交通的中心。因此,首尔处于垄断支配韩国空间结构的位置,同时跻身世界城市行列。这里不仅有首尔这座城市的巨大规模,还有以韩国经济和国力的增长为背景,随着地球化、地区集团化而重新凸显的韩半岛及首尔的地政学位置的重要性等综合因素。

首尔是融合了现代和传统的融合性城市,拥有景福宫、N-Tower、清溪广场、南山谷韩屋村、汝矣岛汉江公园、德寿宫、COEX ARTREUM、韩流明星一条街等无数著名的旅游景点。不仅如此,K-POP 在世界上也是人气飙升的摇篮,也是 1988 年举办首尔奥运会和 2002 年世界杯的城市。

图 8-31　韩国首尔

　　首尔的城市品牌以 2002 年世界杯为起点,以"Hi Seoul"为口号形态的城市品牌开发为开端,首尔的品牌战略逐渐明朗化。但是,以现有的城市品牌"Hi Seoul"虽然知名度高,但市民的爱好度太低,不能给外国记者和外国人带来首尔风范,而且难以构建象征韩流的形象。过去和现在共存的多样性和活力,以象征首尔认同感的城市形象,开发出了新的符合全球城市地位的城市品牌。首尔市于 2015 年 11 月以市民参与的方式开发并发表了新的城市品牌"I·SEOUL·U"。对此,首尔市通过开发多种文化旅游商品来强化城市品牌,作为其中一环,每年都会举行象征首尔的文化旅游商品征集展,为开发优秀的文化旅游商品而努力。

图 8-32　首尔市城市品牌

第八章 国内外旅游商品设计与开发的文化创意视角研究

（一）时尚小件

首尔市文化旅游商品中,服装商品有利用首尔城市品牌的商品和利用首尔市象征的文化旅游商品等多种。利用首尔城市品牌 I·SEOUL·U 的文化旅游商品是外国人最喜欢的商品之一,主要是为了纪念访问首尔而购买的。活用首尔市象征的文化旅游商品是利用首尔地铁路线图、宫殿图、首尔旧地图及古书画等多种首尔形象的商品,资源类型以历史文化型和服务资源型为主,主题类型以城市品牌型、地标型为主,主要以中低价产品居多。服装用品种类有T恤、帽子、领带、手帕、围巾、围裙、环保购物袋等多种商品。

图 8-33 首尔市文化旅游商品(时尚小件类)

（二）装饰品

首尔市文化旅游商品的装饰品主要是利用象征首尔市的建筑物或自然景观及历史象征形象制作的文化旅游商品,是外国人最喜欢的商品。利用首尔市象征的装饰品以首尔N-塔、首尔旧地图、海泰、乐天塔、南大门、老虎等为原型,比起功能性,装饰性产品以陶瓷材质的商品居多为特征。从资源类型来看,历史、文化型为主流;从主题类型来看,地标型为主流,主要以中高档产品居多。装饰品种类有陶瓷手铃、防油器装饰、陶瓷蜡烛架、音乐盒、迷你手铃、雪花球等多种。

图 8-34 首尔市文化旅游商品(装饰品类)

(三)文具花式

为纪念访问首尔,首尔市文化旅游商品文具店是具有实用性的商品,是访客比较容易购买的商品,是外国人偏爱的商品之一,尤其在儿童、学生及年轻人中人气颇高。利用象征首尔市的建筑物或自然景观及历史象征形象等多种象征的商品种类繁多,商品材质多样。资源类型中,历史、文化型、服务资源型占据主流,主题类型中,城市品牌型、地标型、自然资源型等,主要以中低价产品居多。文具、纸笔、笔记本、铅笔、钢笔、印章、USB、月历、护照套、弹窗卡、娃娃、书签等种类繁多。

第八章　国内外旅游商品设计与开发的文化创意视角研究

图 8-35　首尔市文化旅游商品（花式文具类）

（四）生活小件

　　首尔市文化旅游商品的生活小件也是纪念访问首尔并具备实用性的商品，尤其在年轻人和成人年龄层中人气颇高。利用象征城市品牌和首尔市的地标性建筑或历史象征形象等多种象征的商品种类繁多，商品材质多样。资源类型中，历史、文化型、服务资源型占据主流，主题类型中，城市品牌型、地标型等，主要以中低价产品居多。生活用品的种类有很多，比如磁铁、杯子、马克杯、照明灯、镜子、手表、茶匙、靠垫坐垫、勺筷托、钥匙扣、扇子等。

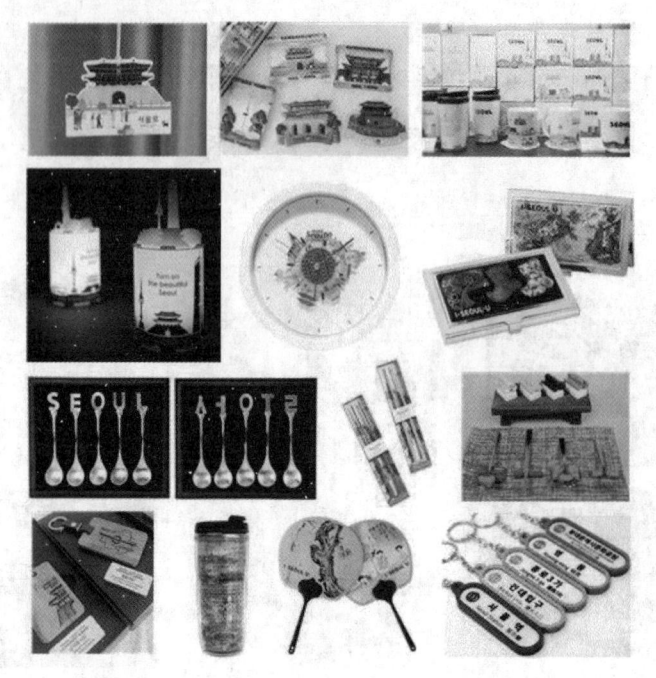

图 8-36　首尔市文化旅游商品(生活小件类)

二、东京文化旅游商品

东京作为日本的首都,既是政治外交中心,又是人口、产业、文化等的大集中城市,这种功能集成从明治时代一直持续到今天。特别是在国际化、信息化迅速发展的 20 世纪 80 年代以后,随着经济的发展,日本的国际地位不断提高,日本发展成为国际金融城市,对世界经济也产生了巨大影响。另外,作为世界上制造业最发达的城市,许多跨国公司在东京设有总部或分公司,是世界的游戏产业、漫画和动画片产业、影像、数码、时尚、娱乐、尖端产业等中心。成长为国际化都市的东京拥有世界最大的地铁交通网,以东京都为中心的日本首都圈关东地区形成了世界最大的经济都市圈,其中心的东京和纽约、伦敦一起被称为世界三大都市。东京是 1964 年亚洲最早举办夏季奥运会的城市,也是截至 2020 年东京奥运会,亚洲最早成功申办两届夏季奥运会的城市。但是 2020 年东京奥运会因"新冠"疫情的影响而被推迟一年,于 2021 年 7 月举办。

第八章 国内外旅游商品设计与开发的文化创意视角研究

图 8-37 日本东京照片（局部）

为了提高城市品牌价值，东京的城市品牌起步于 2004 年，以"Yes, Tokyo"为品牌口号，制作了能够回答所有人"YES"的亲切感十足的"完美城市"概念的品牌标语和标志。此后以 2020 年东京奥运会及残奥会的举办为契机，以宣传东京作为旅游目的地，以向海外游客宣传为目的，提出了开发新的东京品牌的必要性，并开发了新的东京品牌活动标志及标语"and-toKYO"。但是不到一年时间就终止了现有"&TOKYO"的活用，重新制作了新的品牌标语和标志。东京想要传达的核心信息不明确，特别是为了克服传统与现代文化共存价值的突出局限，尝试了新的都市布兰丁，为了向海外有效传达东京的魅力，新口号和标志是"Tokyo Tokyo Old meets New"，第一个"东京"是宫书体，第二个"东京"是哥德体。Tokyo 是反复用与众不同的文字，刻画东京形象的设计特征，毛笔字体的 Tokyo 和黑体字的 Tokyo 表现了从江户开始延续的传统和最尖端的文化共存的东京的特色，在 Old meets New 中也反复强调了这一点。传统部分用墨来表现，现代性则用令人联想起未来蔚蓝的天空的蓝色来表现。

图 8-38 东京 NEW 城市品牌

（一）时尚小件

东京文化旅游产品中的时尚小件也是利用东京城市品牌的商品,但日本的东京城市形象和国家象征的形象文化旅游商品多一些。利用东京城市品牌及东京象征形象的文化旅游商品是外国人最喜爱的产品之一,主要以访问东京为纪念和实用目的购买。东京的文化旅游商品除了城市品牌外,还利用了东京地铁路线图、日本的国画、日本传统纹样、东京塔、卡通插图等多种东京形象的产品,资源类型以历史、文化型和服务资源型为主,主题类型以城市品牌型、地标型为主,主要以中低价产品居多。服装用品种类有T恤、连帽衫、帽子、钱包、围巾、环保购物袋、靠垫、毛巾等多种商品。

图 8-39 东京文化旅游商品(时尚小件类)

（二）装饰品

东京文化旅游商品的装饰品主要是利用象征东京的建筑物或自然景观形象制作的文化旅游商品,还利用了东京塔、神社、富士山和樱花、饮食、动物等多种东京象征。东京的装饰品以小型装饰品为主,主要以中高档产品为主,日本传统玩偶种类较多,在其他城市看不到的精致日本饮食微型等小巧可爱的文化旅游商品是其特点。

资源类型中以自然资源型和服务资源型为主,主题类型中地标型和

第八章　国内外旅游商品设计与开发的文化创意视角研究

自然资源型为主，主要以中高档产品为主。装饰品种类有东京塔、神社迷你摆件、日本传统书装饰品、雪花球、玩偶、装饰盘子、饮食迷你摆件等多种。

图 8-40　东京文化旅游商品（装饰品类）

（三）文具花式

东京文具花式文化旅游商品也是在纪念访问东京时具备实用性的商品，是访客比较容易购买的商品，是外国人偏爱的商品之一，尤其在儿童、学生及年轻人中人气较高。利用象征东京的建筑或自然景观及卡通人物等多种象征的产品种类繁多，根据产品用多种材质制作，主要以中低档产品为主。从资源类型中看，以历史、文化型、服务资源型为主，主题类型中，地标型、自然资源型等产品较多。文具、纸笔、信纸、笔记本、铅笔、贴纸、书签、玩具、明信片、信封、玩偶等种类繁多。

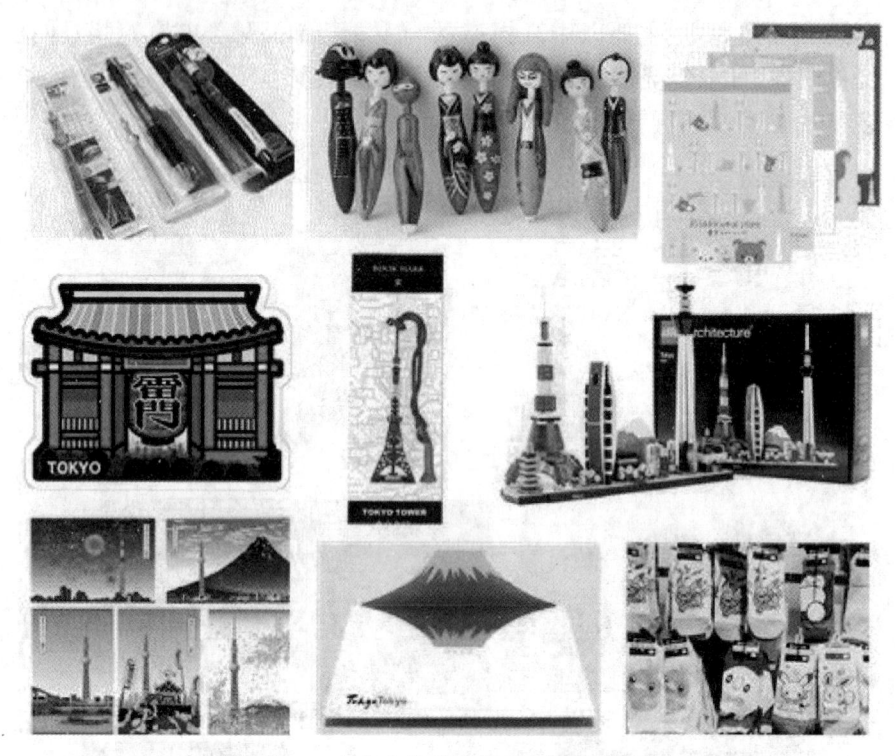

图 8-41　东京文化旅游商品(花式文具类)

(四)生活小件

东京文化旅游商品的生活小商品也是纪念访问东京时具备实用性的商品,尤其在年轻人和成人年龄层中人气颇高。利用东京都市品牌及东京市标志性建筑物或历史象征形象等多种象征的商品种类繁多,商品材质多样。从资源类型中看,以历史、文化型、服务资源型占据主流,主题类型中,城市品牌型、地标型等,主要以中高档产品居多。生活小件种类有磁铁、杯子、马克杯、环保加湿器、靠垫坐垫、勺子、小镜子、香皂、雨伞、扇子、钥匙环、玻璃杯、相框等,种类繁多。

三、纽约文化旅游商品

纽约(New York City)是美国东北部、纽约州南端的城市,是美国人口最多的城市,是世界上人口最多的城市之一,也是美国最大的城市。纽约是美国人口密度最大的城市之一,拥有超过 800 种语言,是世

第八章　国内外旅游商品设计与开发的文化创意视角研究

界上多种语言共存的城市。世界性大都市纽约在商业、金融、媒体、艺术、时尚、研究、技术、教育、娱乐等诸多领域具有重大影响,与东京、伦敦一起被称为世界三大城市和"世界文化首都"。除此之外,纽约是国际外交的重要城市,联合国总部也在这里。另外,纽约是每年有5000万名世界各国游客访问的国际城市,时代广场被称为"世界交叉路(The Crossroads of the World)",在时代广场附近常年上演百老汇戏剧,成为世界娱乐产业的中心。另外,纽约有很多象征纽约的地标,如自由女神像、帝国大厦、洛克菲勒中心、克莱斯勒大厦等超高层建筑,有中央公园、布鲁克林大桥等著名景点。不仅如此,在被称为世界经济首都的纽约,还有美国主要金融机构所在的华尔街(Wall Street)、纽约证券交易所(NYSE)和纳斯达克(NASDAQ)。

图 8-42　东京文化旅游商品(生活小件类)

曼哈顿的房地产市场是世界上最昂贵的,纽约地铁是世界上最大的地铁网之一,包括世界名牌大学哥伦比亚大学和纽约大学在内的许多大学都在纽约。

图 8-43 美国纽约

20世纪70年代,纽约因经济停滞和犯罪率高而处于困境,为了吸引游客,通过专业广告企业制作 I LOVE NY（I♥NY）标语,并开始通过 LOGO、LOGO 歌曲、名人代言的电视广告等营销纽约的城市品牌。I Love New York 于 1977 年设计成 Milton Glaser,旨在激发居民们的自豪感,宣传美国纽约州,吸引游客。为了最大化城市品牌营销效果,纽约市全力维持治安,企划并支持了多种文化活动,40年以来从未改变过口号,始终如一地维持着纽约市的品牌价值,为设计文化形成做出了贡献。

图 8-44 纽约城市品牌

（一）时尚小件

纽约的文化旅游商品中,没有特别的设计图,主要使用纽约城市品

第八章 国内外旅游商品设计与开发的文化创意视角研究

牌 I Love NY 的产品为主流,有时以 NYC 和 New York 的 Typo 和纽约地标性建筑物为主题的产品较多。纽约城市品牌"I Love NY"的文化旅游商品是外国人最喜爱的产品之一,大部分游客到纽约购买,在全世界拥有很高的知名度。资源类型分类中,以服务资源型为主,主题类型中,城市品牌型为主,主要以中高档产品居多。时尚小件种类有T恤、连帽衫、帽子、鞋子、时尚环保购物袋等多种商品。

图 8-45 纽约文化旅游商品(时尚小件类)

(二)装饰品

纽约文化旅游商品的装饰品主要是利用象征纽约的建筑物或城市品牌制作的文化旅游商品,是外国人最喜欢的商品。利用纽约象征的装饰品以自由女神像、帝国大厦等地标性建筑及历史人物等为原型,比功能性更具有装饰性功能,陶瓷、铸造、水晶、树木等材料也多种多样。纽约独特的文化旅游商品,有以历届美国总统为原型制作的迷你车及车牌。车牌是考虑到美国每个州的车牌不同而商品化的车牌,纽约的车牌是文化旅游商品,非常受欢迎。资源类型中,以历史、文化型为主流,主题类型中,历史人物型、地标型为主流,主要以中高档产品居多。装饰品种类有装饰盘子、地标微型车、总统微型车、雪花球、画框等多种。

图 8-46　纽约文化旅游商品(装饰品类)

(三)文具花式

纽约文化旅游商品文具店为纪念纽约之行,具有实用性,是访客比较容易购买的商品,尤其深受儿童、学生及年轻年龄层的欢迎。该商品利用纽约城市品牌及地标性建筑等象征,种类繁多,商品材质多样。资源类型中,以历史、文化型、服务资源型占据主流,主题类型中,城市品牌型、地标型主要以中低价位产品居多。文具花式类有笔记本、笔、时尚袜、贴纸、名牌、卡片、积木玩具、手机壳、徽章、娃娃、书签等,种类繁多。

第八章　国内外旅游商品设计与开发的文化创意视角研究

图 8-47　纽约文化旅游商品(花式文具类)

（四）生活小件

纽约文化旅游商品的生活小商品是纪念纽约之行并具有实用性的商品,不仅在年轻人中,在成人年龄层中也很受欢迎。主要利用纽约城市品牌的产品占据主流,以象征纽约的地标性建筑为原型的产品很多,根据产品不同,材质也多种多样。资源类型中,以历史、文化型、服务资源型占据主流,主题类型中,城市品牌型、地标型等,主要以中低价产品居多。生活小件种类有马克杯、钥匙链、调料盒、照明灯、磁条、饭勺、挂钟、开瓶器、旅行包及旅行产品等,种类繁多。

图 8-48　纽约文化旅游商品(生活小件类)

四、巴黎文化旅游商品

巴黎是法国最大的城市,政治、经济、文化、艺术等中心城市,巴黎市位于表示凯斯塔地形的巴黎盆地的中央,市内有塞尼河。在行政方面,该市是单独组成一个公社的特别市,以包括卢浮宫博物馆在内的 1 区为中心,以顺时针方向排列了 20 个行政区域,被称为"蜗牛"。位于北纬 49°的高纬度,受北大西洋洋流和偏西风影响,全年气候比较温和,是海洋性气候的代表城市。

包括郊外在内的巴黎德法特芒(Department)面积 2845 平方公里,人口约 1240 万(2018 年),是西欧人口最多的地区。巴黎市长久以来一直是塞纳的德法特芒的首都,但从 1964 年起成为巴黎湾独立的德法特芒市,市区面积达 105.40 平方公里,是沿着城郭城市时代城墙痕迹修建的环形高速公路的内部市区,以及西边布洛涅森林外东部旁森尼森林的总和。巴黎市人口在 20 世纪 50 年代达到 290 万的高峰后持续减少,但最近几年逐渐增加,到 2020 年达到 2148000,以塞纳河为准,分为右岸(rive droite)和左岸(rive gauche)。右岸是传统上集中政治、经济功能的地方,政府机关、办公室、百货商店、主要火车站等集中,而左岸是以教育功能为中心发展起来的,左岸的拉丁地区则集中了包括索邦在内的大学、高等学校、研究所等。

超过伦敦的欧盟最大城市巴黎不仅是法国的政治、经济、交通、学术、文化中心,还是世界的文化中心,被称为"花之城",法国人还自称"光之城"。就像"艺术之都"的别名一样,巴黎从绘画到雕塑、时装、音乐,以多样的艺术世界中心而闻名。特别是最近在巴黎时装展和烹饪大赛的举办中可以看到,法国是服装文化和饮食文化领域的世界级信息发源地。

国际调查专门机构"安霍尔特 GMI"的调查中,巴黎被选为世界品牌价值最高的城市,对城市品牌表示关心是在 2008 年巴黎在 2012 年奥运会申办竞争中败给伦敦之后。当时巴黎市市长伯特兰·德拉诺埃发表失败分析结果称,巴黎的"品牌形象"虽然客观上领先于"产品"(提案本身),但巴黎的"品牌形象"并不像伦敦那样具有魅力,因此,巴黎开始提出新的城市品牌的必要性,以前以光之城埃菲尔铁塔为形象化的旅游品牌中,新巴黎的城市品牌是以巴黎的象征——埃菲尔铁塔的

第八章 国内外旅游商品设计与开发的文化创意视角研究

PARISA，作为图标表现，使用大写字母"A"代替小写字母"a"，突出体现了巴黎的空中天际——埃菲尔铁塔的高度，小写字母"i"是感叹号和旅行指南information的"i"，代表巴黎天空上的太阳和月亮。巴黎这个名字本身具有的多种感觉和感性已经存在，因此，不使用任何特定形象，只用城市名称来表现的尝试被认为是利用巴黎现有的高品牌资产的适当方法。巴黎的城市品牌整体构图是勾勒巴黎美丽天空的结构，形成了Typho Grapy的商标。据调查，在欧洲城市的象征物中，法国埃菲尔铁塔在历史上最具品牌价值。

图 8-49　法国巴黎

图 8-50　巴黎城市品牌

(一)时尚小件

巴黎的文化旅游商品的时尚道具主要是以巴黎的地标性建筑埃菲尔铁塔为原型的产品和利用艺术性插图的产品,不愧为世界时尚城市。这种时尚小件文化旅游商品在给游客带来实用功能的同时,还被评为审美品类,是外国人最喜爱的产品之一。另外,巴黎的时尚都市形象,贝雷帽、化妆包及环保购物袋等也很受欢迎。资源类型中,以历史、文化型为主流,主题类型中,地标型为主流,主要以中高档产品居多。种类有T恤、帽子、环保购物袋、化妆包等多种商品。

图 8-51 巴黎文化旅游商品(时尚小件类)

(二)装饰品

巴黎文化旅游商品的装饰品主要以象征巴黎的地标性建筑为原型,以文化旅游商品为主流,是为纪念访问巴黎而购买的外国人最喜爱的商品。利用巴黎象征的装饰品以埃菲尔铁塔、凯旋门、圣母院教堂等地标性建筑为原型,比功能性更具装饰性功能的产品,铸造产品最多,使用陶瓷和LED等材料的产品也较多。从资源类型来看,历史、文化型为主流;从主题类型来看,地标型为主流,主要以中高档产品居多。装饰品种类有地标性建筑小模型装饰品、装饰盘子、LED照明装饰品、音乐盒等多种。

第八章 国内外旅游商品设计与开发的文化创意视角研究

图 8-52 巴黎文化旅游商品（装饰类）

（三）文具花式

巴黎文化旅游商品的文具花式作为纪念访问巴黎的实用性商品，是访客比较容易购买的商品，尤其受到儿童、学生及年轻年龄层的欢迎。它利用了巴黎标志性建筑等象征性产品，种类繁多，产品材质多样。资源类型中，以历史、文化型为主，主题类型中，地标型主要以中低价位产品居多。文具、笔、画片、纸条、铅笔盒、立体纸块、立体卡、书签、贴纸、玩具、立体书、条状笔记本等种类繁多。

图 8-53 巴黎文化旅游商品(花式文具类)

(四)生活小件

巴黎文化旅游商品的生活小商品是纪念访问巴黎并具有实用性的商品,不仅在年轻人中,在成人年龄层中也很受欢迎。主要以象征巴黎的地标性建筑物为主题的产品很多,根据产品不同,材质也多种多样。从资源类型来看,历史、文化类型占主流,从主题类型来看,地标型占主流。主流产品主要是中高档产品。生活用品种类包括盘子、马克杯、钥匙扣、开锁器、磁铁、手表、靠垫、杯垫等很多。

图 8-54 巴黎文化旅游商品(生活小件类)

五、悉尼文化旅游商品

澳大利亚东南海岸,悉尼以歌剧院(Sydney Opera House)和哈伯

第八章　国内外旅游商品设计与开发的文化创意视角研究

桥（Sydney Harbour Bridge）为代表，以文化和教育为中心，不仅有悉尼大学、新南威尔士大学等著名大学以及各种博物馆和美术馆等，市内除2个国立公园和自然保护地外，还有海德公园、仙台公园等各种公园和竞技场，城市本身非常美丽。悉尼以水上运动、娱乐设施及文化生活而闻名，特别是贝壳模样的歌剧院和旁边的衣架模样的哈弗桥，每天都有数万名游客光顾，是悉尼旅游的核心景点，深受世界众人喜爱。悉尼还是该国最大的工商业城市，纺织、制粉、政党、皮革、机械、化工、汽车、造船、炼油、制裁、造纸、车辆、农具等工业十分活跃，工业地带分布在市南部和西郊一带。 在设有官厅和金融机关、公司办公室和百货店及高级商店的市中心外侧，有安静的住宅地，特别是Ports Point等是最高级的住宅地。

悉尼是2000年悉尼奥运会的主办城市，虽然与北京竞争，但悉尼以举办环境奥运会为旗号，获得了奥运会举办权，成功举办了2000年悉尼奥运会。

图8-55　澳大利亚悉尼

悉尼的城市化进程以2000年奥运会为契机展开。为了通过奥运会前后向全世界展示悉尼的魅力，新南威尔士旅游厅从2004年开始制作了将悉尼打造成更加世界城市、现代城市的全新城市品牌，并实施了城市品牌活动"There is no Place in The World like Sydeny"。但据调查，过于美丽的环境反而抵消了悉尼艺术、文化、经济等其他要素的优越性,并引发了将城市形象限定为适合休闲和旅游的城市的问题。因此,悉尼于 2008 年 8 月首次着手重新定义并明确提出城市品牌的战略,并于 2010 年发布了新的悉尼城市品牌标识。新悉尼的城市品牌以全世界的新年前夜城市为主题,以庆典烟花为主题进行了开发。

图 8-56　悉尼市城市品牌(2004 年)

图 8-57　悉尼市新城市品牌(2010 年)

(一)时尚小件

悉尼文化旅游商品的时尚小件主要有悉尼的地标性建筑——歌剧院及哈伯桥和利用自然资源的产品。这种时尚小件文化旅游商品对游客具有实用功能和审美性,深受访问悉尼的外国人欢迎。资源类型中以自然资源型、历史、文化型为主,主题类型中以地标型、自然资源型为主,以中高档产品居多。时尚小件种类有 T 恤、帽子、环保购物袋、旅行包、环保购物袋、化妆包、钱包等多种商品。

第八章 国内外旅游商品设计与开发的文化创意视角研究

图8-58 悉尼文化旅游商品（时尚小件类）

（二）装饰品

悉尼文化旅游商品的装饰品主要以象征悉尼的地标性建筑和自然资源为原型制作而成的文化旅游商品为主流，是外国人为了纪念访问悉尼而购买的最受欢迎的商品。利用悉尼象征的装饰品有很多以歌剧院、Harbourbridge等地标性建筑和贝壳、鸟、植物等自然资源为原型，比起功能性，更多的是利用毛利族传统文化的产品，根据铸造、陶器、树木、水晶等产品的不同材质制作而成。

资源类型中自然资源型、历史、文化型为主，主题类型中地标型、自然资源型为主，以中高档产品居多。装饰品种类有地标性建筑的迷你装饰品、雪花球、画框、飞镖、音乐盒等多种，特别是利用贝壳、树叶、草、葫芦制品等动植物的商品居多。

图 8-59　悉尼文化旅游商品(装饰品类)

(三)文具花式

悉尼文化旅游商品的文具作为纪念访问悉尼的实用性的商品,是访客比较容易购买的商品,尤其在儿童、学生及年轻年龄层很受欢迎。利用悉尼的地标性建筑和自然资源的象征性产品,种类繁多,商品材质多样。资源类型中以自然资源型、历史、文化型为主,主题类型中以地标型、自然资源型为主,价格以中高档产品为主。文具花式类有笔记本、油笔、钢笔、明信片、迷你扇子、立体纸块、护照套、贴纸、ipad、鼠标垫、手机壳、玩偶等种类繁多。

(四)生活小件

悉尼文化旅游商品的生活小件是纪念访问悉尼时具备实用性的商品,不仅在年轻人中,在成人年龄层中也很受欢迎。主要以象征悉尼的地标性建筑和自然资源为主题的产品很多,根据产品不同,材质也多种多样。资源类型中以自然资源型、历史、文化型为主,主题类型中地标型、自然资源型为主,主要以中高档产品居多。生活小件种类有马克杯、天然手工肥皂、钥匙链、挂钟、雨伞、磁铁、旅行包、菜板、盘子、饮食托盘、照明、靠垫等,种类繁多。

第八章　国内外旅游商品设计与开发的文化创意视角研究

图 8-60　悉尼文化旅游商品（花式文具类）

图 8-61　悉尼文化旅游商品（生活小件类）

参考文献

[1] 陈斌.旅游商品大趋势 [M].北京:中国旅游出版社,2016.

[2] 方百寿,沈丽晶,张芳芳.旅游商品与购物管理 [M].北京:旅游教育出版社,2011.

[3] 蒋冰华.旅游商品开发研究 [M].北京:新华出版社,2013.

[4] 李宗利.旅游商品产业集群研究 [M].长沙:中南大学出版社,2014.

[5] 李金华.旅游商品及其采购管理 [M].北京:经济管理出版社,2016.

[6] 梁留科.旅游商品创意与设计 [M].北京:科学出版社,2016.

[7] 刘敦荣等.旅游商品学概论 [M].北京:首都经济贸易大学出版社,2013.

[8] 山杉.旅游商品概论 [M].北京:中国旅游出版社,2014.

[9] 孙国学,赵丽丽.旅游产品策划与设计 [M].北京:中国铁道出版社,2016.

[10] 沈澈.设计概论[M].长春:东北师范大学出版社,2014.

[11] 吴广孝等.旅游商品开发实务 [M].上海:复旦大学出版社,2000.

[12] 吴国清.旅游线路设计 [M].北京:旅游教育出版社,2006.

[13] 吴朋波.旅游纪念品设计 [M].北京:人民邮电出版社,2014.

[14] 辛建荣,路科,魏丽英.旅游商品概论 [M].哈尔滨:哈尔滨工程大学出版社,2012.

[15] 徐挺.景区旅游商品开发与管理案例 [M].北京:中国旅游出版社,2017.

[16] 杨丰齐,伍欣. 旅游工艺品设计与开发实践[M]. 长春:吉林人民出版社,2019.

[17] 于泳,尚凯. 旅游文化产品创新设计与开发策略[M]. 北京:北京工业大学出版社,2018.

[18] 张宏梅,赵忠仲. 文化旅游产业概论[M]. 合肥:中国科学技术大学出版社,2015.

[19] 钟蕾,李杨. 文化创意与旅游产品设计[M]. 北京:中国建筑工业出版社,2015.

[20] 钟志平. 旅游商品学[M]. 北京:中国旅游出版社,2005.

[21] 周武忠等. 中国当代旅游商品设计研究[M]. 北京:中国旅游出版社,2014.

[22] 朱青晓,王忠丽. 旅游规划原理[M]. 开封:河南大学出版社,2013.

[23] 范易. 地域特色材料在旅游商品开发设计中的运用[J]. 生态经济,2010(07):196-199.

[24] 韩晓菲. 仙境海岸旅游商品设计开发问题与对策研究[J]. 度假旅游,2018(10):55-56.

[25] 胡瑞波,徐人平,张晓松. 关岭三叠纪古生物化石中的旅游商品设计研究[J]. 吉首大学学报(社会科学版),2018,39(S1):101-104.

[26] 黄亮. 芜湖市旅游商品开发设计初探[J]. 安徽商贸职业技术学院学报(社会科学版),2007(03):20-22+65.

[27] 蒋冰华. 河南安阳旅游商品的开发现状及其战略选择[J]. 价格月刊,2008(08):40-41.

[28] 黎洁仪,过宏雷. 乳源瑶绣旅游商品的开发前景与设计策略研究[J]. 装饰,2010(03):112-114.

[29] 李贵清,叶倩钰,隋春花. 符号视角下广东珠玑古巷旅游商品开发研究[J]. 农村经济与科技,2019,30(04):41-43.

[30] 李江天. 四川:旅游商品开发渐入佳境[N]. 经济日报,2007-01-31(011).

[31] 李文雯,董慧. 文旅融合背景下地域文化在旅游商品开发中的应用——以安徽省铜陵市为例[J]. 市场周刊,2020(05):42-43.

[32] 李颖. 关于旅游纪念品设计的地域性特色探讨[J]. 旅游与摄影,2020(02):32-34.

[33] 刘海青.哈尼文化旅游区旅游商品设计的思考[J].美术大观,2010(12):97.

[34] 刘倩,陶婉,陈丹,李玲,张浩南,项开文,王鲁铨,刘义.搭建平台创建品牌助推产业化发展[N].贵州日报,2009-11-28(037).

[35] 罗娅丽.基于WEB的旅游商品交易系统的设计和开发[D].华东师范大学,2010.

[36] 马才飞.旅游文创商品设计与开发策略研究——以丝路(甘肃段)旅游文创为例[J].中国包装,2019,39(06):86-88.

[37] 苗苹.雄安文创产品的创新设计开发途径研究[J].天工,2021(04):64-65.

[38] 彭宏,封仪,赵湘旎,马静,王燕.都江堰旅游商品文化附加值提升的策略探究[J].中国商论,2020(23):63-65.

[39] 荣梅.甘肃省旅游商品开发模式研究[J].工业设计,2019(06):74-75.

[40] 田田.浙江桃渚旅游产品设计开发研究[D].昆明理工大学,2017.

[41] 王帅玉,朱思贤,钱成,周睿.基于用户体验要素模型的旅游装备商品开发设计实践[J].产业与科技论坛,2017,16(13):34-36.

[42] 王远.陕西凤翔木版年画旅游商品设计与创新开发研究[J].新西部,2017(10):40+22.

[43] 于鲸,张祥永,何祯妮.海南鹿民俗文化旅游产品创新设计研究[J].美术教育研究,2020(11):60-62+65.

[44] 余新华.如何让"短腿"不短?——兼论郴州旅游商品开发[J].消费导刊,2007(09):4-6.

[45] 俞萍.海洋文化元素在舟山旅游商品开发设计中的应用[J].包装工程,2019,40(08):305-310.

[46] 张灿.对石家庄旅游商品开发策略的研究[J].河北企业,2009(11):47-48.

[47] 张建平,吉黎.重庆旅游商品开发设计中的地域文化发掘与应用[J].艺术科技,2017,30(11):11-12.

[48] 张健伟,高力群,王蕊.韩国旅游商品设计的启示[J].包装工程,2010,31(14):90-92+106.

[49] 张祥永, 于鲸, 刘棋芳. 海南民俗特色旅游商品开发与设计策略研究 [J]. 艺术教育, 2020（06）: 207–210.

[50] 周世明, 于淼. 基于 AR 技术的文化旅游商品的设计与开发 [J]. 电脑迷, 2018（03）: 183.